FLORIAN KNISATSCHEK

SELTENE ZWIEBELN IM KONGO

Kurzgeschichten
aus dem Leben gegriffen

Bibliografische Information der Nationalbibliotheken: Die Deutsche Nationalbibliothek verzeichnet diese Publikation in der Deutschen Nationalbibliografie; detaillierte bibliografische Daten sind im Internet über http://dnb.dnb.de abrufbar.
Die Österreichische Nationalbibliothek verzeichnet diese Publikation in der Österreichischen Nationalbibliothek.

Karina-Verlag, Vienna
1. Auflage Mai 2015
Cover Gestaltung und Zeichnung, Layout © by Karin Pfolz
Text © by Florian Knisaritsch
Lektorat: Bettina Böhm, Karina-Verlag

Karina Verlag, Vienna. Print: ISBN 978-3-903056-34-3
E-Book: 978-3-903056-35-0

FLORIAN KNISATSCHEK

SELTENE ZWIEBELN IM KONGO

Kurzgeschichten
aus dem Leben gegriffen

Inhalt:

VORWORT

Jeder Tag hat gewisse Ingredienzien. Ohne unser Zutun, die hat er einfach. Sie sind einfach vorhanden. Und an jedem Tag - zu einer gewissen Stunde - werden all diese Vorkommnisse dann in einen großen Kübel gekippt, damit am darauf folgenden Tag wieder genug Platz ist für neue Zutaten. Im Lauf der Zeit kommt da einiges zusammen. Ob man will oder nicht. Selbst wenn wir uns auf den Kopf stellen und in die Luft scheißen, fällt der Haufen auf den Boden, und landet - zu jener gewissen Stunde - in diesem Kübel, zusammen mit von Zahnärzten entfernten alten Plomben, weißen Schneepflugbergen am Fahrbahnrand, Feinrippleiberln, alten Kriminalfilmen und Radiosendungen, Regierungen samt zuhauf einzelner, seltsamer Vertreter dieser abgelaufenen Gelsensprays, Rülpser diverser angeblich Prominenter, und zuhauf so Sachen wie Gefühle. Ja, gut, schlecht, wurscht, romantisch, grob, vereinsamt, egal. Alles drin in dem Matsch! Und bevor das alles dann am Ende aller Zeit in der kosmischen Biogasanlage verschwindet, meistens mit einem großen Knall, der von ganz fernen Lichtjahren und so, ganz leise zu hören ist, und von Heinz Oberhummer zappelnd moderiert wird, ja bevor es so weit ist, hat man die Möglichkeit, da eine Handvoll Geschehnisse aus dem Kübel zu schöpfen, füllt sie in ein handliches und nach Möglichkeit formschönes Kaleidoskop und lugt mal rein!

Mist, jetzt hab ich vergessen den Bordeaux zu dekantieren, dabei trinke ich Erdbeermilch! Und die Flasche Uhudler ist auch schon halb leer! Und die Ecke ist rund! Und weil ich nicht mehr rauche, verglüht die Zigarette im Aschenbecher! Und wer jetzt noch immer glaubt, dass hier irgendwas autobiografisch sei, fragt am besten die liebe Dagmar Koller, die Urne von Horst oder den tapferen Bruno Baumann. Oder Adalbert Stifter, aber der kennt mich nicht.

Picasso hatte angeblich eine blaue Phase. Die hat er sich vielleicht selbst erdacht, das weiß man nie. Die Ingredienzien aus dem großen Kübel der nächsten Seiten sind vorwiegend aus hiesiger schwarz-blauer Phase.

Immer Spaß macht so ein Kaleidoskop! ... was passiert denn grad da drin? ... oh, ich mach grad einen Knicks und hebe leicht zum Gruße mein Hütchen!

Ihr Florian Knisatschek

HERR LANDESHAUPTFRAU UND DIE BILDER

Also wenn das stimmt, was Manfred Deix heute gesagt hat, dass bei ihm bis vor zehn Jahren unter fünfzehn Viererln gar nix gegangen ist, dann bin ich ja ein Lärcherl diesbezüglich. Und nachdem mir der Herr Doktor trotzdem geraten hat, mich etwas einzuschränken, ist das jetzt also zweimal die Woche so, das mit dem Einschränken.

Und wahrscheinlich ist es auch deshalb so, dass mir jetzt immer öfter der linke Arm einschläft. Weil nämlich der gefäßverengenden Wirkung der Zigaretten jetzt nicht mehr die gefäßerweiternde Wirkung des Alkohols in voller Bandbreite gegenübersteht.

Der Herr Doktor hat gesagt, das mit dem Rauchen ist erst mal nebensächlich. Die haben ja alle keine Ahnung von ausgleichender Chemie. Und wahrscheinlich ist es auch deshalb so, dass mir zu einem Bild keine rechte Geschichte drumherum einfallen will. Dabei hätte ich schöne Bilder.

Zum Beispiel das Bild von einer Frau, die darauf besteht, als Mann angesprochen zu werden. Als Hauptmann! Als Landeshauptmann!

Ja, richtig! Es geht um die Steiermark und um „Herrn Landeshauptmann Frau ‚Walter' Klasnic". Und ich hab so ein dominant-monströses Bild vor meinem inneren Auge, wo sie auf einem riesigen Polyester-Kürbiskern reitet, hoch über Graz, in essbarer Unterwäsche aus Kürbiskernölpresskuchen, mit einem Zepter wachelnd, laut kreischend, *"ÖVP! ÖVP!"*, brüllt und alle mit dem steirischen schwarz-grünen Gold segnet.

Also wenn das kein Bild ist!

Ein dominant-monströses Bild eben.

Dieses Bild ist derart dominant, dass man es gar nicht in eine Geschichte einbauen kann. Kein Spannungsbogen hätte da noch Platz angesichts dieser Monstrosität. Kein anderes Bild hätte da noch irgendeinen Platz.

Ich nehme einen Schluck Weißwein und mein linker Arm wacht langsam wieder auf. Die HB aus Usbekistan sind auch nicht mehr das, was sie einmal waren.

Du dummer Doktor du! Seit ich deinen Rat befolge, fallen mir immer weniger Geschichten ein. Und sag mir, wie soll ich denn deine Rechnung bezahlen, wenn mir nix mehr einfällt?

Du g`scheiter Doktor du! Seit ich deinen Rat befolge, finde ich das „Ä“ auf der Schreibmaschine deutlich schneller. Und wir leben ja immerhin in einer LEISTUNGSGESELLSCHAFT. Und da ist so was ENORM WICHTIG!

Du braver Doktor du! Hast drei Eprouvetten meines Blutes genommen, und etwas Geld, hast mich dann drei Tage später zur Auflösung des Gesundenuntersuchungs-Rätsels in deinen Wartesaal eingeladen, mich schließlich hereingebeten und hast schweigend geschaut.

„Und? Hab ich AIDS?"

„Nein, das ist eine andere Untersuchung."

„Und? Gelbsucht?"

„Wäre möglich, ist aber eine andere Untersuchung."

„ ... Krebs?"

„ ...? ...? ...? ... ist a andere Untersuchung."

„Äh, ... Magengeschwür? Durchfall?"

„Da müsst ma spiegeln."

Na gut. „Und wie schaut's mit der Schilddrüse aus? Von wegen Appetitlosigkeit und so?"

„Na, da müsst ma extra untersuchen."

Im Endeffekt hab ich eine etwas vergrößerte Leber, die mir gegen den Darm drückt, nur leicht, was gelegentlich zu einem „*Flatus Interruptus*" führt, wie das in der Fachsprache heißt. So weit, so gut. Dass ich sauf und rauch, weiß ich selber.

Ich bin dann frustriert zu meinem Zahnarzt. Der hat mich gründlich geröntgt und gesagt:

„Herr Knisatschek, sie wissen eh, dass ihre Zähne älter sind als sie!"

Er gab mir eine Spritze, und ich hab so mild und zufrieden gelächelt, wie das mein altes Gebiss zulässt. Dann kann ich mich an nichts mehr erinnern.

Früher, ja früher, so mit sechzehn und so, als meine Wirbelsäule noch agil war, da konnte ich völlig zugekifft auf irgendeinem Polsterberg einschlafen. Mit einer Knuffigkeit, die man in diesem Alter auch zweifelsfrei verdient. Ich muss mir heute meinen Polster so ergonomisch als nur irgend möglich formen, damit ich's im Bett so lange schmerzfrei aushalte, bis endlich „Bianca, Wege zum Glück", im Fernsehen kommt.

Obwohl man immer ein kreuzfideler Bursche war, kommen immer häufiger Rückenschmerzen. Nein, nein, nein, nicht die, die man durch eine einfache Massage lösen kann, sondern solche, die unter den Schulterblättern liegen. Da kommst einfach nicht hin beim Massieren. Oder die, die vor der Wirbelsäule liegen, zwischen Wirbelsäule und Lunge. Wie sollst denn das massieren?

Also gut, ich bin marode, aber um es mit Barbara Karlich zu halten: „Gespannt, was die nächsten fünfzig Jahre bringen werden".

Aber die Bilder, ja die schönen Bilder, also die, die mir der Herr Landeshauptfrau Waltraud Klasnic in seiner Dominanz aus dem Hirn geätzt hat, die fallen mir immer noch nicht ein.

Möglicherweise sollte ich einfach nicht so viel ORF schaun.

Aber jetzt, wo ich mich wieder etwas beruhige, beim guten Welschriesling, beginnen meine Synapsen wieder kleine Blitze zueinander zu senden, eine kleine „innerhirnige“ Kommunikation taucht auf, und langsam entwickeln sich auch wieder Bilder. Kleine noch, Bildchen sozusagen. Manfred Deix taucht auf, essbare Unterwäsche aus Kürbiskernölpresskuchen. Kleine Arztgespräche: „Krebs?“, *„…? …? …? … ist a andere Untersuchung“.*

Mein lieber Zahnarzt fällt mir wieder ein, mit seiner lieben Spritze, mein eingeschlafener linker Arm (der übrigens in der Zwischenzeit wieder gänzlich erwacht ist … warum erfrischt mich das Ottakringer so?), Bildchen eben, wie im wahren Leben.

Und es ist komisch, man sagt ja, dass einem kurz bevor man stirbt, das ganze Leben vor dem inneren Auge vorbeizieht.

Das ist bei mir jeden Tag so.

Um fünf in der Früh.

TIERARZT

Heute kommt der Tierarzt. Zum Absauen.

Kommt er zu einer Kuh, heißt das dann: Abstieren. Im Volksmund: „Ostian".

Der Bauer muss dabei nüchtern bleiben. Ja! Damit er nicht auf blöde Gedanken kommt.

Der Tierarzt hingegen muss nicht zwingend nüchtern sein, ja, man spricht sogar von glücklichen Kühen, wenn der Tierarzt ihres Vertrauens alles andere als nüchtern war.

Das Abstieren hat aber absolut nichts mit Sodomie oder ähnlich gearteten Perversionen zu tun, sondern ermöglicht es der Kuh schlicht, so gut wie jungfräulich an die zehn, oder mehr Kälber zu gebären. Bei Schafen ist das nicht so. Drum werden die auch naturgemäß öfters geopfert.

Unser Tierarzt ist mittlerweile seit fast fünfzehn Minuten wieder fort, ja ein Außendienst jagt den anderen.

Unser Bauer ist inzwischen alles andere als nüchtern und sieht sich Barbara Karlich an, die im TV. Mit dem heutigen Thema: „Jungfräulich in die Ehe".

Unser Bauer, wollen wir ihn der Einfachheit halber „Bauer" nennen, sitzt in einer Einbauküche, die nicht im Geringsten an „Eiche-Dekor“ erinnert und blickt etwas illuminiert in Richtung Herrgottswinkel. „Illuminiert“ ist gut, sagt ein über tausendseitiges Buch. Unter Umständen ist „illuminiert“ gut! Und hat über tausend Seiten. Deshalb spricht man über dieses Buch meist als eine Art Phantom. Väterliches Phantom …

Kühe sind wie Menschen, denkt Bauer, sie bekommen so gut wie nie Zwillinge. Und Jesus ist ans Kreuz genagelt. Drum kann er nicht überall sein.

Unser Tierarzt, und nennen wir ihn der Einfachheit halber „Franz“, ist inzwischen jenseits des nächsten Hügels, in einem Kuhstall, hantiert mit einer eher dünnen, aber sehr langen Pipette an Kuhhinterleibern herum, und versucht fünf Minuten später einer äußerst widerspenstigen Sau Mutterglück hinterrücks einzuflößen. Ja, ja, der Außendienst …

Währenddessen hat sich Bauer vom Herrgottswinkel abgewandt und widmet sich etwas widerwillig seinem Essen. Widerwillig deshalb, weil: warmes Sauerkraut mit Knödeln. Den dazugehörigen Rest hat der Franz damals wegen eines angeblichen „Kunstfehlers“ versaut.

Hauptsache unbefleckt …

Man will ja keinem Tier gönnen, was man sich selbst … Schnell blickt Bauer zum Herrgottswinkel. Krapfen zum Nachtisch. Krapfen, weil es Anfang Februar ist.

Im Stall hängt kein Jesus und kein „gebenedeit". Im Stall hängen Schnüre gespannt mit Leim. Gegen die gemeine Stallfliege.

Kühe, mit ihren wunderbar rosaroten Schnauzen schauen des Öfteren gebannt, mit unverwandt großen Augen, aber nichts wissend auf diese Schnüre, wo selbst noch dem Tod geweihte Fliegen sich paaren.

Ich bin eine Kuh, denkt sich eine Kuh. Habe braune und weiße Flecken – weil sie nämlich zur Gruppe der Fleckrinder gehört – und gehöre zur Gruppe der weißbraunen Fleckrinder. Drum hab ich auch diese weißbraunen Flecken!

Der Krapfen war etwas verdorrt.

Bauer sitzt mit Staubzucker- und Marillenmarmeladeresten bei seinem Nachtisch-Nachtisch und kippt ein halbes Achterl Zwetschgenschnaps.

„Die Bienen", denkt Bauer recht illuminiert, während hinter sieben Hügeln unser Tierarzt Franz, in einem hundert Meter langen Stall, einen Stier nach dem anderen gegen einen Plastikkuharsch stoßen lässt, *„ja, die Bienen."*

Franz sitzt hinter Plastikkuhärschen in einem mobilen Kobel, einmeterzwanzig im Quadrat, freut sich über schmerzfreie Bandscheiben und fängt Stiersperma. Trockeneis ist ständiger Begleiter im Außendienst.

Bauers Stall ist gut bevölkert. Stiere sind wild. Das über tausendseitige Buch liegt, sich selbst rezitierend, im Nachtschrank. Mutter Maria, du Unbefleckte, gebenedeit sei dein Leib.

SELTENE ZWIEBELN IM KONGO

Noch schnell und gründlich Hände waschen, den Rotwein entkorken und mir überlegen, ob ich es mag, wenn grüne Gottesanbeterinnen vom Plafond fallen, dann kann der Feierabend beginnen.

Eine Zigarette gedreht, Rotwein eingegossen, beobachte ich eine von diesen Gottesanbeterinnen, wie sie versucht, meinen Plafond von Ost nach Südwest zu überqueren. Was weiß ich, wo die hinwollen.

Es war ein anstrengender Tag. Hart geradezu. Erst hatte das ältere Fräulein vom Amt für Vereinswesen etwas an meinen Vereinsstatuten auszusetzen, dann musste ich im hohen Norden, innerhalb des Polarkreises, eine fast erfrorene Crew von vermeintlichen Aliens retten (was weiß ich, was die dort wollen - also die Crew), und dann weiter nach Polen, in ein stillgelegtes Kohlebergwerk, um dort irgendwelchen Menschen zu helfen, doch noch Kohle abzubauen, ... drum auch das Händewaschen. Und stolz bin ich, diese heutigen Termine logistisch so verbunden zu haben, dass die alle auf der Nordhalbkugel waren.

Und ich glaub, darauf kann ich wirklich stolz sein! Ich mein, ich bin ja schließlich kein Jagerhofer, der vom Wolfgangsee zum Fuschlsee eilt, um dann noch schnell, nach einer kurzen Handwäsche, mit Udo Jürgens und Franz Antel am Attersee ungezwungen zu plaudern und anschließend mit Tourismusbeauftragten an einem anderen, nahegelegenen See zu scherzen. Ausgelassen über Damenunterwäsche spricht man nicht!

Ich hingegen muss morgen im Kongo seltene Zwiebeln schneiden, dann im Burgenland ekelige Küchenmotten eliminieren, dann weiter nach New York, – ein Gespräch mit Brokern steht schon lange an – und wenn die nicht wieder ewig beim Starbucks sitzen wollen, geht sich vielleicht noch ein Termin aus: eine Recherche über die seltsame Vorliebe, auf Kreuzfahrtschiffen während einer Weltreise zu heiraten. Wenn alles gut geht und zeitgerecht abläuft, könnte ich in Passau bei den Schleusen zusteigen, und dann in der Wachau, an der Donau, das Schiff wieder verlassen.

Liegt Passau an der Donau? Oder ist mir da ein logistischer Fehler unterlaufen.

Na, man wird sehen. Wäre auch kein Drama, dann muss ich halt übermorgen in Buenos Aires zusteigen. Von dort aus müsste ich allerdings bis zum nächsten Stopp irgendwo in der Nähe von Oslo mitfahren, das dauert zwar vier Tage, ist aber nicht mehr so weit von daheim. Und ich muss mindestens ein Mal die Woche

Chlor in meinen Pool schütten, weil sonst veralgt das so fürchterlich grauslich.

Man kann also deutlich erkennen, es ist nicht leicht Dingsbums zu sein.

Oh, verdammt, ich muss ja morgen zu dieser Vereinstussi, wegen der ausgebesserten Statuten. Aber wenn ich das Schiff noch in Passau erwische, dann müsste sich das ausgehen. Das ist ja die Kunst der Terminplanungslogistik: man muss immer fünf Minuten für etwaige Verzögerungen einplanen. Wenn dann alles glatt läuft, hat man nach zwei Wochen Zeit für ein Kipferl, oder ein Schiff in Passau. Wenn's sein muss, auch mit dem Jagerhofer am Attersee. Oder ein Mittagsmenü mit Franz Antel in Krottendorf in Wien. Aber ich glaub, das spar ich mir lieber mit den Beiden. Da nehm ich mir lieber eine Stunde und schau den Gottesanbeterinnen zu, wie sie von meinem Plafond fallen.

Uh, da fällt mir ein, ich hab ja noch diesen Termin mit den Tätowierern in China!

„Fräulein Else! Buchens ma bitte den nächsten Flug nach Hongkong ... um fünf Uhr früh?! ... geht's nicht etwas früher, sie wissen: Kongo und die seltenen Zwiebeln ... um ein Uhr auch einer? Das ist gut ... das ist in 25 Minuten, das geht sich aus, das ist gut. Economy

bitte, Economy ... ja ... Großpetersdorf – Hongkong ... ohne Zwischenstopp ... das ist sehr gut ... das ist sehr gut! ... danke Fräulein Else und schönes Wochenende noch, gell? ... ja ... ja ... ihnen auch, gell!“

Wenn man den Knopf nicht auslässt, redet die ewig ...

Aber sie ist wirklich ein logistisches Talent. So was trifft man selten. Ob bei ihr drüben auch gerade Gottesanbeterinnen vom Plafond fallen?

So, jetzt muss ich mich kurz vorbereiten ... das Taxi nach Großpetersdorf fährt zehn Minuten, das geht sich gut aus ... Hongkong, das heißt, die kurze zerfranste Jean kann ich anlassen ... die finden so was exotisch ... warum auch immer.

„Fräulein Else! ... Fräulein Else!?“ ... ah so, die hab ich ja heimgeschickt.

Wie war der Taxifunk? ... 40 100? ... ob der auch im Burgenland gilt?

„Ah, ... ja, ein Taxi nach Großpetersdorf bitte ... ja, zum Flughafen ... in fünf Minuten ... danke! Sehr gut ... danke!“

Na geht sich ja alles wunderbar aus.

Und für eine Zigarette ist auch noch Zeit, und für ein Schluckerl Rotwein ...

Ah, da hupt's, das wird er schon sein.

Na gut, ich muss jetzt los.

Aber eines noch: Den Job vom Knisatschek möchte ich nicht haben.

So, jetzt muss ich aber …

WENN ICH IHREN NAMEN STAMMLE

(ein Gedicht)

Ja, ja, wie es halt so ist.

Ein Schülerlotse wird brutal aus dem Schlaf gerissen, weil sein Wecker läutet.

Der ÖLZ-Bäcker wird freundlich von seinen Nachbarn gegrüßt,

ein Kinderbuchautor versucht sich in den Schlaf zu schwitzen, weil ihm kein schlüssiges Ende einfallen will.

Ich stammle um fünf in der Früh deinen Namen.

Ein Erfinder erfindet gerade ein Schnellspannfutter für Winkelschleifer,

in der Schartner-Fabrik werfen verrückt gewordene Arbeitgeber Papierschlangen durch die Luft, weil gerade die fünfmillionste Flasche Sprudelwasser das Band verlassen hat.

Es ist Ende Oktober und eine Gelse versucht ein letztes Mal ihr Glück,

und ich stammle ihren Namen um fünf Uhr früh.

Irgendwo im Alsergrund peitscht eine - von seniler Bettflucht getriebene Hausmeisterin – Zwiebeln in fettes Schmalz,

und ein Déjà-vu von Mannerschnitten liegt in der Luft,
und ein Mensch, der nicht weiß, wo die Leber sitzt, ruft wegen Blinddarmbrennen die Rettung und vertraut Zivildienern.
Es ist Samstagmorgen, fünf Uhr, und ich stammle ihren Namen.

Ein Steinbock versucht, Kolateralschäden abzuwehren,
eine Jungfrau ist bemüht, doch noch die Wohnung sauber zu halten,
und der Rose hat einen Schraubverschluss,
außerdem ist er leer.
Ich stammle deinen Namen, am Samstag um fünf.

Bald wird es Zeit, aus Schmalz und Sonnenblumenkernen Knödeln zu formen, einen Spagat durchzuziehen und auf die Terrasse hängen,
um zuzusehen, ob Darwins Theorie auch bei Spatzen und Meisen zutrifft;
wo man aus gut beheizter Stube dem Nachbarn beim Schneeschaufeln zuschaut,
am Samstag, um fünf Uhr früh, wenn ich ihren Namen stammle.

Und irgendwann dann liegt die ganze Welt im Tiefschlaf,
der Flieder, Nussbaum, Wein und die Sonne auch.

Und ob eine Schneefräse etwas gegen wilde Brombeeren ausrichtet, wird man erst im Frühjahr sehen.

Im August wäre es jetzt schon hell,
wenn ich um fünf deinen Namen stammle.

GRAZ – ÖBB – WIEN

Felswände begleiten die Bahnstrecke. Und das bei Graz!

13 Uhr 23, Speisewagen Intercity nach Wien.

Ein legerer Schaffner plaudert mit Fahrgästen, oder umgekehrt.

Der offensichtlich alkoholkranke Kellner kredenzt mir ein Bier – schon wieder so ein grausliches Ottakringer – warum erfrischt mich das so …

Aber blubbern tut's genauso wie jedes andere.

Zwei Tische weiter sitzt Frau Klasnic bei einem Buttersemmerl, kaiserlich kross nehm ich mal an, und einem Fläschchen „Vöslauer ohne". Gott sei Dank mit dem Rücken zu mir, aber das gepflegt gebügelte, ländlich-urbane „über –die –Schulter –Liegetuch", mit lustigen Quasteln dran und fröhlichen „Hallali-Jagdmotiven", Truthahn in Pastell anmutenden Farbtönen, das reicht mir auch schon.

Vor meinem fahrenden Fenster liegt die Mur und fließt in die andere Richtung.

Frau Klasnic erkundigt sich nach fein aufgeschnittenem Gouda beim Kellner – ist ihr das bloße Kross-

Semmerl also doch zu blass, aber hat sie erst vom Gouda gekostet, lebt sie sicherlich doch noch auf und kippt sich vielleicht sogar ein Stifterl Zweigelt hinter die Binde. Und schon sind wir in Bruck an der Mur, hier kann man sogar nach Klagenfurt umsteigen – wenn man will.

Und wenn man in Bruck an der Mur zusteigt, empfiehlt es sich, die Fahrkarte nicht im untersten, innersten Seitenwand-Tascherl versteckt zu haben, wenn der Schaffner kommt, gnä Frau!

Draußen beginnt langsam die vor-Semmering-alpine-Hügelkette, und der Baustil wird verhalten kecker. Blassblau löst Pussyrosa ab, und grellgelb gleißt im Sonnenlicht.

Aber das ist ja überall so.

Jetzt fällt's mir erst auf! Wie geht sich das eigentlich aus, dass die ganzen Leute um zwei Uhr mittags im Zug sitzen – sind die alle arbeitslos?

Abgesehen natürlich vom Bord-Schaffner, vom Bord-Service, vom Bord-Kellner, vom Fahrdienstleiter und vom Chauffeur, und dem ganzen Personal eben!

Na da kann ja nix draus werden, wenn die ÖBB den ganzen Tag nur Arbeitslose herumkutschiert.

Aber jetzt bin ich schon gespannt, welche Station als nächste kommt.

Ah – Mürzzuschlag!

OLLA

Die Menschheit ist imstande Klos zu bauen, in die man problemlos sogar in der Schwerelosigkeit reinscheißen kann, ohne dass das dann so grauslich durchs Cockpit kreist.

Auch sind wir imstande, wunderschöne, ergonomisch geformte Rattanmöbel herzustellen, und angeblich sind manche von uns sogar imstande, sich diese leisten zu können.

Auch können wir sogenannte „Lichtbilder" herstellen, und wie man in der Kronen Zeitung auf Seite sieben täglich bemerken kann, auch ohne jeglichen Aufwand und Anspruch.

Wir können Früchte zu gutem Alkohol umwandeln, oder aus schlichtem Baumharz Matratzen, Dildos, Weihrauch oder Ahornsirup herstellen. Und wem der Dildo allein nicht reicht, der kann dann auch mit, aus Erdöl gewonnenem „Penaten Baby-Öl", nachhelfen. Aber aufpassen, das könnte die Kautschukmatratze zum Zerplatzen bringen.

Soweit so gut, ich gehe also in den Schlecker-Supermarkt und kaufe mir eine Familienpackung – HA! Komisch, dass das so heißt – äh, ... Präservative. Das Damoklesschwert jeder sexuellen Beziehung. Also entscheide ich mich nicht für Banane oder Schoko, sondern schlicht und einfach für den Kautschukgeschmack, angeblich dezent befeuchtet und mit Perlnoppen. Man will ja schließlich auch etwas spüren dabei. Das Prädikat „Gefühlsecht“ erweist sich nach sehr kurzer Blauäugigkeit als Farce, und mir fällt unweigerlich Dagmar Koller ein, im Duett mit Rene Kollo, als sie sangen: „Machen wir’s den Schwalben nach, bauen wir ein Nest …“

Naja, was soll man dazu noch sagen …

Ich! Ich habe eine große Erfindung gemacht! Du brauchst diesen riesigen Millionenliter-Tank von dem Space-Shuttle nur mit Hollersirup füllen, ihn etwas vergären lassen, und nach ca. zwei Monaten sprengt es dir die Bodenplatte von dem Tank derartig weg, dass das ganze Raumschiff mitsamt Besatzung aber derart schnell im All ist, dass es nur so staubt. Scheiß auf Kerosin!

Da könnte doch jemand auch den ECHTEN „Gefühlsechten“ Olla erfinden, oder? Und es wäre sicher nicht gefehlt, wenn die Krankenkasse einen beträchtlichen Teil der Forschungsgelder beisteuert, oder? Und den Rest die „Penaten-Erdöl-Lobby“. Damit die Dinger nicht immer gleich platzen.

Ich könnte mir zum Beispiel vorstellen, dass es da etwas zu entwickeln gäbe, das so ist, dass es dir das Blut nicht gleich wieder in die Aorta zurückdrückt. Also ich denke da an so etwas wie das Spraypflaster. Das müsste man doch irgendwie für den Genitalbereich adaptieren können.

Ich finde ja, dass sich auch Ursula Stenzel vor dem EU-Parlament dafür einsetzen sollte. Ich meine, wofür haben wir sie sonst dorthin gewählt?

So eine Art wirklich gefühlsechtes Spraypflaster könnte man auch ganz nett in das Liebesspiel einbauen.

Aber ich glaube, bei diesem Forschungsprojekt können wir nicht mit der Hilfe seitens der Politik rechnen, von Ursi will ich gar nicht mehr reden, und unser Herr Schüssel riecht sowieso so, wie wenn man den Kleiderschrank seines verstorbenen Großvaters aufmacht. Dagegen sind Dagmar Koller und Rene Kollo noch ein Manifest ewiger Jugend. Wer braucht da noch Gummis?

Pfui Teufel ...

Nun ist aber, wie bei den Pensionen, oder diversen Krankheitsfällen, persönliches Engagement gefragt: also jeder, der zur Entwicklung wirklich gefühlsechter Präservative beiträgt, bekommt von mir, und das verspreche ich, einen von diesen „Durex-Winterreifen“ geschenkt.

Und bitte gebt euch Mühe, weil in ein „feibra-Sackerl“ pudern, macht auf Dauer keinen Spaß.

HASSAPIKKALAKKEN

Ein wahrer Höllendrink. Ein Achterl Uhudler aufgespritzt auf ein Seiterl mit Sekt!

Jetzt hab ich einen „ultra-mega-Computer", mit maximalen ultra und mega Pixeln auf der Festplatte, oder wie das heißt. Er ist mir auch gutgesinnt, glaub ich. Das heißt, er hat mir noch nicht einmal eine Geschichte gefressen. Nur, dass er mir dauern jedes dritte Wort rot unterkringelt, das nehm ich ihm ein klein wenig übel. Aber eben nur ein klein wenig. Weil er versteht ja das nicht, was ich da schreibe ... er hört ja nur PLUS und NEUTRAL. Also PLUS oder GAR NICHT. Oder PLUS und HHMMM ... so hab ich mir das zumindest erklären lassen.

Aber das ist eben die Sprache der Elektronik. Menschen haben da ewig um den Brei geredet, Martin Luther oder David Bowie, als er sang: „put your red shoes on ...", hat er ja sicherlich nicht gemeint: „zieh dir deine roten Schuhe an ..."

Ich meine, das wäre ja doch etwas billig, oder?

Nein! Die internationale Sprache ist: „entweder, oder HHMMM..."

Es war einmal ein Königreich, das existierte auch nicht sehr lange, darum ist es in keinem Geschichtsbuch aufgetaucht.

In diesem Königreich gab es nur zwei Wörter, nämlich: „HASSAPIKKALAKKEN" und „HHMMM".

Hassapikkalakken hieß so viel wie: „alles", und hhmmm hieß so viel wie: „überhaupt nix".

Eines Tages kam eine Katastrophe über das Land. Pestbeulen, Furzhügel oder Herpeslippen und so was Ähnliches. Und alle Menschen dieses Königreiches liefen zum Petersdom dieses Landes, und alle schrien durcheinander: „hassapikkalakken, hassapikkalakken, hhmmm, hhmmm, hassapikkalakken, hhmmm."

Und der König stand da auf dem Balkon und sagte: „…hhmmm."

Irgendwie erinnert mich dieses Märchen an meinen Computer. Mit dem einzigen Unterschied: Er lebt! Und in diesem Märchen sind nach kürzester Zeit alle ausgestorben. Mitsamt König und Konkubine.

… Schüssel und Microsoft leben …

Draußen regnets, heute ist Samstag. Morgen müssen wir unsere Zeitparameter von drei auf zwei Uhr stellen. Damit wir „up to date" sind. Morgen ist Sonntag. Winterzeit wird ausgerufen und Nationalfeiertag. Und ausgerechnet morgen dauert dieser Nationalfeiertag noch mal eine Stunde länger. Als ob sie nicht schon genug gelitten hätten, die Obdachlosen, die Strasser-Feinde und ihre Kinder.

Und laut dem Wetterbericht von – ha! Welch Ironie … „willkommen Österreich“ … - wird die heutige Nacht besonders kalt.

Und gerade heute dauert diese Nacht noch genau eine Stunde länger.

Mir ist es wurscht … ich verstell die Uhr auch vom Nachtkastl in die Küche … ich muss nicht draußen sein.

Ja, das ist die große Geschichte von hassapikkalakken und hhmmm.

FÄHRT EIN WEISSES SCHIFF NACH HONGKONG

Die Wurstwarenverkäuferin hinter der Wurstwarentheke im Interspar war zierlich, sehr blond und äußerst hübsch. Vor allem im Profil.

Ihre Gegenspielerin, hinter selbiger Theke, ein gewisses Fräulein Lisbeth, war deutlich hantiger, nicht nur im Profil. Sie schnitt den Schinken regelmäßig zu dick, und den Käse konsequent zu dünn, auf. So dünn, dass, wenn er dann verpackt wird, sich wieder zu einem Block „konglomeriert". Und mit dem Käsehobel kann man ihn dann auch nicht mehr bearbeiten.

Aber die Zierlich-blonde hat immer so leicht gerötete Augen, man wusste nie: aus Treuseligkeit oder zarter Unsicherheit? ...

Nur schade, dass sie sich dann versetzen hat lassen, in eine Filiale in Europa irgendwo. Und ich bleib allein hier, am Mississippi Delta, als Texter von „Alt-Männer-Blues" für *Big Bill Broonzy* und *Washboard Sam*, lasse mir von dem hantigen Fräulein Lisbeth Schweinehälften aufschneiden, und lege sie mir alleine auf mein schwer verdientes Brot.

Geheime Romanzen enden meist abrupt und einsam. Weil sie eben so geheim sind, dass niemand davon etwas weiß, außer in diesem Fall, ich selbst.

Wahrscheinlich kam da - mit diesem 17 Uhr Raddampfer, wie jeden Donnerstag – so ein aufgedonnerter Gigolo mit Zylinder und diesen ins Korsett geschnürten, Biertitten daher, aus Paris oder Barcelona. Und dem ist sie dann nach Europa gefolgt. Hat sich Erdbeermarmelade um den schönen Mund schmieren lassen. Oder er hat ihr goldgelbe Bierteigbrezeln zugesteckt, als er sich Knoblauchrohwurst aufschneiden ließ. Auf das fallen alle jungen Mädchen am Mississippi Delta immer wieder herein.

Aber ich trifte schon wieder ab, ich muss texten. Das Blatt ist noch halb leer und morgen will *Washboard Sam* wissen, was er übermorgen singen soll. Also ... *my heart* ... *my heart* ... *all over the summer* ...... nein, nein! Das geht alles nicht. Das passt nicht in den Rhythmus.

my heart swell over all summers ... - over all summers – wie klingt denn das!

my heart swell beyond the summer ... ja! Das passt. Das ist gut, also:

my heart swell beyond the summer, und dann ein Klavier: *dau dau dau dau* ... *my old heart* ... *swell beyond the fall* ...... ja, ja, das ist gut, das geht. Und das Ganze dann undeutlich gesungen von *Washboard Sam*, ja, das ist gut.

Authom ... wie schreibt man das überhaupt? *Autumn* ...? Moment ... wie geht das ... *winter, spring, summer and fall* ... ich hab geglaubt, eine von den Jahreszeiten heißt „*autumn*"! Nein, nein, das stimmt nicht – wo zum Teufel kommt das „*autumn*" in meinem Hirn her?

Was soll das überhaupt heißen ... *autumn?!* ... aau ... au ... hm ...

Ich glaub, ich brauch noch einen Schluck Rotwein.

... *red red riverboat* ... nein, nein, das geht nicht. Das ist eher was für den *Dean Martin* ...

Ahhh ... wieso hab ich ihr nichts gesagt. Wieso hab ich ihr kein Brezel zugesteckt ... jetzt bin ich wieder der Gelackmeierte.

Paris! ... was will sie in Paris? Mit ihren süßen, leicht geröteten Augen. Will sie sich von einem Ast erschlagen lassen, auf der „*Champs Elysees*" ... oder wie man die schreibt.

romance without funny ... baby,
romance without me,
romance without funny, baby,
why you want me ...

Na also … hahh! … es geht ja …

… bisschen undeutlich, bisschen doppelbödig, … bisschen Paris … scheiß Zylinder …

Es ist früher Nachmittag, die Sonne geht langsam unter, ich sitze mit meinen verwaschenen Bermudas, mit denen ich vor sieben Jahren hierhergekommen bin, am Mississippi Delta, lasse meine Füße in den Gatsch hängen und denk mir: *bright eyes … i dont find my way home …*

Es ist angenehm die Zehen im Schlamm zu bewegen, *Washboard Sam* hatte gestern seinen großen Auftritt, wurde sogar für den „goldenen Bunny" … oder „Romy" … oder wie das heißt, nominiert. Ich hab grad „*bright eyes …*", den Anfang für sein nächstes Lied geschrieben - das heißt, eingefallen ist er mir - und sehe zu, wie ein alter Raddampfer sich leise ächzend auf den Steg zubewegt. Es ist Donnerstag, 17 Uhr.

Seit nunmehr sieben Jahren warte ich darauf, dass irgendein fetter, korsettierter Franzose Fräulein Lisbeth, der Hantigen, ein Brezel zusteckt. Ich will endlich meinen Schinken fein geschnitten wissen.

Washboard Sam hat seinen „goldenen Grammy", oder „Romy", oder „Bunny" oder wie das heißt versetzt und gegen ein altes Grammofon eingetauscht.

Jetzt, wo die Sonne nur noch zur Hälfte sichtbar ist, ich an meine zarte, blonde Wurstverkäuferin denke, kommt *Sam* mit dem alten Grammofon unter dem Arm durchs Schilf gewatschelt. „*Hi dear!*“, sagt er undeutlich, zieht sein Grammofon auf, steckt seine Füße neben mir in den Gatsch und setzt die Nadel auf die Platte.

„cchrr … cchh … chrr … fährt ein weißes Schiff nach Hongkong,
ja dann träum ich von der Ferne,
bin ich dann in weiter Ferne,
ja dann träum ich von zu Haus …“

TÜRKENBELAGERUNG

In den Tiefen der TV-Kanäle durfte ich vor einigen Monaten erfahren, dass das wohl weltbekannte „Croissant“ nicht wie vermutet in Frankreich oder gar Paris erfunden wurde, nein. Sondern in Wien. Na wer hätte das gedacht!

Weiters durfte ich erfahren, dass es sich hierbei auch nicht um irgendein x-beliebiges Wien handelt, sondern um das Wien in der Zeit der Türkenbelagerung.

Der einzige Wermutstropfen dieser Berichterstattung war nur, dass man den Beitrag mit einem völlig falschen Bild unterlegt hat. Nämlich mit einem Brioche-Kipferl!

Nun jeder, der auf Wien und auf sich selbst etwas hält, vor allem, nachdem wir nun wissen, dass sogar das edle Croissant aus Wien stammt, dem wird dieser Fauxpas wohl gleich aufgefallen sein.

Aber wahrscheinlich war es nur MDR oder ZDF, der dies recherchierte!

Nun, jene, die mich kennen, werden wissen, dass ich ein Fetischist der Recherche bin, und zu Recht vermuten, dass eben diese nicht lange auf sich warten ließ.

In Brioche-Bäckereien konnte ich, wie zu vermuten war, auch nicht recht etwas erfahren, außer, dass der Chef erst in zwei Stunden kommt. Und auch der Türkenwirt in Zwettl war ein Flop, ... hätte ich mir gleich denken können, wo es sich hiebei um Wien handelt. So hatte ich aber von Zwettl zurück nach Wien doch etwa vier Stunden Zeit, auf den gemütlichen Sitzen alter ÖBB-Waggons etwas über Recherchen zu meditieren, wenn nicht gerade der freundliche Herr vom Board-Service an mir vorbeischepperte.

Einige anstrengende Wochen der Nachforschung später, wurde ich dann aber noch fündig ... was heißt fündig ... fündig ... ich wurde belohnt! Ich wurde reicher für meine Bemühungen belohnt, als ich mir das je erträumt hätte. Freunde erzählten mir, dass gegenüber ihrer Wohnung im Karmeliterviertel in Wien, seit Menschengedenken eine Gemeindewohnung leer steht. Jetzt, wo ich dies alles aber schon so weit beschrieben habe, brennt es mir schon derart unter den Fingernägeln ... ich muss es einfach sagen: Ich fand in dieser, seit ewig leeren Wohnung ein Originaltagebuch aus der Zeit der zweiten Wiener Türkenbelagerung.

Ich besorgte mir eine Öllampe, kehrte in die Wohnung zurück und bestellte mir per Handy beim Pizzadienst zwei Flaschen Frascati (und einmal Pommes, um kein Weggeld bezahlen zu müssen) und machte mich auf eine lange Zeit in dieser Wohnung bereit.

Wien, zur Zeit der Türkenbelagerung, 14. Juni:

Ich habe heute mit Tante Anna vier Stunden lang Canasta gespielt. Dann bin ich in den Lichthof gegangen, um unsere Kuh zu füttern. Lisa, die Kuh, war fast so aufgeregt wie Tante Anna. Lisa wartete nur ungeduldig auf ihr Futter, aber Tante Anna hatte Angst wegen der Türken. Da ist die Tante Anna schon etwas komisch. Aber sie hat ja schon die erste Türkenbelagerung miterlebt. Franz, der Bäcker, sagt ja immer zu mir, dass ich das auch irgendwie verstehen muss. Ich versteh's ja auch, aber die erste Türkenbelagerung hat uns den Kaffee gebracht, und nun bringt uns Lisa die Milch dazu. Tante Anna hat halt immer sooo viel Angst und schluchzt dann auch immer gleich.

Die Recherche lag in vollen Zügen. Was war das damals für eine Zeit? Ich kannte jetzt schon Tante Anna und Lisa, und auch Franz, den Bäcker.

Wien, zur Zeit der Türkenbelagerung, 17. Juni:

Ich war heute im Bierkeller vom dicken Pater Christo. Die kleine Karin, die Wirtstochter war auch dort, hat breit gegrinst, ihren Rock hochgehoben und hat mich lassen. Dann schenkt uns der Pater Christo immer ein

Fass Bier. Dann hab ich mich erst mal ausgerastet, und dann das Fass Bier hochgetragen. Zur Tante Anna.

Wien, zur Zeit der Türkenbelagerung, 18. Juni:

Die Tante Anna hat heute lange geschlafen und grauslichst geschnarcht. Das tut sie immer nach so viel Bier. Ihren Nachttopf hab ich zweimal in der Nacht auf die Straße geschüttet, sonst wäre er übergegangen. Und wie die Tante Anna dann schon geschlafen hat, gestern, ist auch noch die Karin gekommen, weil ihr Vater, der Wirt, war auch im Keller gewesen, gestern, und hat auch ein Fass Bier geschenkt gekriegt. Aber der schnarcht nicht so arg. Sagt Karin.

Heute früh bin ich dann mit der kleinen Karin aufgestanden, hab Kaffeebohnen im Mörser zerquetscht und heißes Wasser drüber gegossen. Sie ist inzwischen runter, zum Franz, dem Bäcker, und hat ein paar Croissants geholt. Und weils frisch am besten sind, ham'ma dann die Tante Anna aufgeweckt. Die ist gleich zum Wasserkübel, „Brandlöschen". Ich habs noch im letzten Moment geschafft und die Flasche Obstler hineingeschüttet. Wegen dem Typhus.

Wien, zur Zeit der Türkenbelagerung, 23. Juni:

Gestern war ein Tanzboden beim „Brumml", am Stephansplatz. Und ich bin dann rein in den Dom, weil ich so viel Durst gehabt hab. Wegen dem Tanzen. Ins dritte Seitenschiff. Dort wo der linke Mittelfußknochen vom Jesus in der Glasvitrine liegt. Und da war dann auch die Schwester von der Tante Anna, die Mitzi. Und die wollte mich dann auch lassen, aber ich hab mich nicht getraut, wegen dem Mittelfußknochen. Drum bin ich rausgerannt und dann im Freien hab ich's gesehen: die Türkenkugel, wie's durch die Luft g'rauscht ist. Und genau dort hinein, wo jetzt das „Haashaus" steht. Alle haben wir gelacht, der Tanzboden hat gebebt vor Freude.

Und vor lauter Freude hat mich die Marianne, die Schlachtgehilfin vom Fleischhauer, dann noch lassen … im zweiten Westschiff … dort liegt kein Knochen. Und am Abend hab ich dann das Fass Bier heimgetragen, weil der Pater Christo hat zugeschaut.

„Das … hat … keinen … Typhus …", hat die Tante Anna erfreut gesagt und kam drei Tage furchterregend schnarchend nicht mehr aus dem Bett. Nicht einmal der Duft von frischen Croissants vom Franz hätte da was ändern können.

Ihr werdet verstehen, dass das alles wohl die größte Entdeckung in der Geschichte von Wien bedeutete, dass Croissants wirklich ursprünglich aus Wien stammen, und dass es damals tiefstes Mittelalter – oder noch früher – war.

Ich war wie konsterniert, und aus guten Gründen der Schuldhaftigkeit meiner Vorfahren gegenüber, wollte ich beim Pizzadienst ein hölzernes Fass Bier (mit Pommes, wegen dem Weggeld) bestellen. Aber so was hatten die partout nicht. So verließ ich also diese Gemeindewohnung, nicht ohne das Tagebuch unter meinem Arm zu halten, und begab mich durch den nebeligen November, der grad war, nach Hause. Öffnete eine Dose „Skol" und sinnierte noch etwas über Tante Anna, die kleine Karin, den Bäcker Franz und die Fleischergehilfin Marianne, und natürlich über das Schuldprinzip – bezüglich Mittelfußknochen, im dritten Seitenschiff vom „Brumml", dem Stephansdom.

Ich wusste: bis ich diesen, fast einen halben Meter hohen Stapel an Tagebuchseiten ausgewertet haben werde, werden wohl noch Jahre, oder zumindest Monate vergehen. Lenkte „Lara Croft" durch ein paar Levels von „Tomb-Rider-4" und fand mich schließlich wieder, gegen zwei Uhr morgens, bei irgendeiner Sendung von FM-4, die es halt jeden Abend um diese Zeit gibt.

Aber eins kann ich versprechen:

Sobald ich aus diesen Dokumenten weitere Details ausgearbeitet habe, werde ich darüber berichten.

Und gestern ist Herbert Haupt als Vizekanzler abgelöst worden …

SYNCHRONSCHWIMMER

„House of pain“, heißt eine elendslange Sendung im Radio, ich habe gerade meine manische Phase, drum bin ich noch nicht dazugekommen abzudrehen, und eigentlich wollt ich immer Synchronschwimmer werden. Das hat so was Beruhigendes find ich. Also nicht, dass das Leben per se nicht beruhigend genug wäre, gibt es da eben immer diese hysterischen Politfarbenspiele, oder diese hysterischen Katholikendiskussionen im ORF, ganz zu schweigen von diesen hysterischen Songkontest-Teilnehmerinnen und Biogärtner-Buchautoren, die jetzt auf „Willkommen Österreich“ machen, und eben dieses elends hysterische "house of pain" im Radio.

Ja, zugegeben, wenn man gerade vierzehn ist, und depressiv, kann einen so was schon in den Selbstmord treiben, ich aber bin 36 Jahre, gerade manisch, und wollte immer Synchronschwimmer werden.

Aber die haben mich nicht genommen bei der ÖSV, Abteilung "Synchronschwimmer". Nur ambitionierte Frauen! Haben die gesagt.

Ich hab dann jahrelang wegen sexueller Diskriminierung prozessiert, diesen auch schließlich gewonnen, und einen Job bekommen. Zumindest als Synchronschwimmerinnen-Bewertungs-Jury-Mitglied!

Aber damals hatte ich dann wieder eben diese depressive Phase, noch leicht durchsetzt von einem kleinen Rest Manie. Hab immer applaudiert, wenn so ein süßer kleiner Mädchenarsch synchron mit all den anderen aus dem Wasser sich gerekelt hat, und jedes Mal die Bestnote 10 verliehen. In meinen manischen Phasen die 10+, die es eigentlich gar nicht gibt. Irgendwann war das dann doch zu auffällig, sie haben mich rausgeworfen, der Herr Wetterblick, der Herr Schröcksnadel, hat mich zur offiziellen Entladung in sein weiträumiges Büro eingeladen, ich hab ihn an seine fehlende Kompetenz schlechthin erinnert, und gemeint: "Bei fristlos muss ich nicht wirklich unterschreiben!?", erinnerte ihn an die äußerst zweifelhafte Karriere von Ingrid Wendel, und verließ mit einem doppelten Rittberger seine durchwegs durchschnittliche IGLO-Kanzlei.

Nun, ich muss sagen, so derart spritzig bin ich nicht immer, nicht immer so exzessiv-selbstdarstellerisch. Es gibt, wenn auch etwas wage gestreut, die Momente zwischen depressiv und manisch. Die sind dann aber auch weniger aufregend. Und weniger betroffenmachend ... find ich.

Diese Momente, wo man sich zwischen einer Manie und einer Depression befindet, sehen dann etwas einfacher aus. Erinnern fast schon an das wirkliche Leben.

Und NUR wenn man weder manisch, noch depressiv ist, kommt einem ein etwas skurriles Lächeln auf die Lippen. So geschehen mir, am Hannovermarkt in Wien, vor 20 Jahren. Es ist 15 Uhr, ich nähere mich wie jeden Morgen um annähernd diese Zeit meinem Frühstücksstand, dem "Käsespezialist", um mir etwas Hartkäse aufschneiden zu lassen. Eine dezente, aber eindeutig auf den Konsum etwaiger weicher Drogen vom Vorabend hindeutende Rötung in meinen Augen, fragt er mich: "Darfs a bissl mehr sein?"

Ich blicke hoch, und sehe einen Mann, der in COBRA-Uniform, Emmentaler fein aufschneidet. SIE, die Frau Käsespezialistin, sitzt hinten, weil gerade Mittagszeit, und verdrückt eine fette Leberkäs-Semmel mit Erdäpfelsalat in Styropor, was deutlich darauf hinzeigt, dass es auch eine Käsegrenze gibt.

Was soll ich sagen ... ich stehe mit roten Augenschlitzen vor ihm, er in seinem strengen Schrägkapperl, und schneidet mir Emmentaler fein auf.

Ich wollte meine Tarnung als schlichter Käsekonsument nicht fallen lassen, und er wollte keine Kunden verlieren ...

Ich also gehe weiter, zu einem Geschäft, wo draufsteht "TRAFIK ", mache noch kurz ein kleines "hm, hm..." und trete ein.

"Drei Packerl Flirt-Filter bitte".

Sie steht vor mir, mit gut sortierter Dauerwelle, ihr Mann sitzt neben ihr hinter der Budel, zuzelt zufrieden an seiner Pfeife, und liest das "Volksblatt". Wenn sie dürften, denk ich, würden sie mich erschlagen ... ein Käsespezialist darf das nicht.

Der muss auf einen Befehl vorher warten.

Sie kramt also aus ihren Laden drei Päckchen Flirt-Filter hervor, ohne den geringsten Hauch von Unfreundlichkeit, und ich krame in meiner Hosentasche nach passenden Münzen, Mist! Alles passende Kleingeld (großes hab ich keins) hab ich schon beim Käsespezialisten ausgegeben!

Ihr Mann sitzt hinter der Theke und zuzelt am "Volksblatt", sie hat aber meinen verpeinlichten Gesichtsausdruck gleich erkannt, und sagte, ob ihres Geschäftes echauffiert zu mir: „Soll ich ihnen Geld borgen?"

Ich sah sie an, ... sie sah mich an.

Und weil ich weiß, dass ich mit Realität nicht wirklich umgehen kann, fiel mir der Film "Rio Bravo" ein.

Wir standen da und sahen uns an, es handelte sich nur um Sekunden. Sie, mit ihrer gut sortierten Dauerwelle, ich mit meinen doch etwas roten Schlitzen. So sahen wir uns an. 2, 3, bis 4 Sekunden verstrichen.

Langsam blubberte es in ihrem Kopf hoch, was sie da gerade WEM angeboten hat!

Ich wohnte zwei Blocks weiter, brachte ihr das Geld, für sie gibt es das Phänomen der Verdrängung, welches höchst effizient, ich habe meine drei Packerl Flirt-Filter und meinen Käse fein aufgeschnitten. Ja, so war das damals.

Das funktioniert aber alles nur in der Phase ZWISCHEN manisch und depressiv.

Und heute sah ich einen Cockerspaniel. Ja, ich war auf einen Sprung bei den Proben zu den Güssinger-Burgspielen und da war dieser Cockerspaniel.

Grundsätzlich ein wirklich dummes Vieh.

Und ich wollte Synchronschwimmer werden …

HORST

Es hat um ein Uhr nachts 24 Grad.

Es ist also noch nicht August, und kleine Fruchtfliegen beginnen bereits, sich in offenen Weinflaschen zu ertränken, um höchst effizient die Qualität des Weines zu minimieren. Jetzt ist das eh schon nicht der Beste, und dann auch noch diese Fruchtfliegen. Na dann trink ich eben ein Bier mit Horst Tappert, der aus dem TV MEDIA lächelt, und mir fröhlich seine beiden Haarteile präsentiert, die er, alias Derrick, in Verwendung hatte. Abwechselnd. Zwei vermutlich deshalb, damit immer eins zur Verfügung steht, wenn das andere gerade in der Reinigung ist. Ja, man darf den Staub und die dazugehörigen Milben in den Bavaria- und sonstigen Studios nicht unterschätzen. Wegen dem vielen Staub muss ja auch in jeder Drehpause das Make-up erneuert werden. Die machen das ja schließlich nicht zum Spaß, die Visagisten. Studiostaub war der Feind des Horst Tappert. Daher auch seine Tränensäcke, und wäre das nicht wahr, wäre es billig dies so zu erwähnen. Horst, Harry und die Fruchtfliegen im Wein … wenn das kein Abend ist, dann weiß ich nicht.

... Irgendwie inspirierend ... und irgendwie auch nicht.

Horst und Ennio Morricone ... damm da damm da damm ...

Ob Ennio auch ein Haarteil hatte? Was ist eigentlich mit Ennio Morricone?! Der kam viel zu kurz. Hat er sich doch das Blut aus den Adern komponiert für Horst!

Zu Hause trägt er sie nie, seine Haarteile, verriet mir Horst. Nur manchmal im Fasching, beide zugleich. Horst lacht jetzt ... zu Hause - in einem Vorort Münchens, das Hietzing von Bayern sozusagen - funktioniert die Glocke nicht. Der Gartenzaun ist niedrig, aber schlecht lackiert, kommt Frau Horst mir entgegengelaufen, um das Gartentor mir zu öffnen, hatte sie mich doch vom Rasen aus schon kommen sehen. Frau Horst kicherte in mildem bayrisch, um mich willkommen zu heißen.

"Kommen sie, kommen sie", ruft sie etwas zu fröhlich, und ich trotte ihr hinterher, im Körper und Geist noch etwas „jet-laged“ von der ÖBB, und ihr Hintern wackelt mir fröhlich voraus, vollschlank, wie das bei älteren Frauen nach der Menopause häufig ist.

... wieso eigentlich "Pause"? Hört die wieder auf? Oder hab ich da was nicht verstanden ...

Wie auch immer ... hinter zwei schlanken bayrischen Pinien, auf einer aus Guss-Alu gestanzten Biedermaier-Schönbrunn-Gartensitzgarnitur, sah ich auch schon Horst. Und wer saß neben ihm?

Herr Morricone. "Ciao Ennio" , freute ich mich in peinlichstem italienisch. Den Gugelhupf - extra für den Besuch aus Wien - konnte ich sehen, die Kaffeemaschine hören,... gchchochck ...

"Seawas Horst", ich holte gerade zum barocken Handschlag aus.

"Derrick ... " verwies er mich, "Stefan Derrick. Meine Freunde sagen Steff!"

Und dann brach der Typ in ein Gelächter aus, dass ich geglaubt hab, ich glaubs nicht.

Ennio stimmte in einer Tonart ein, dass man glauben hätte können, sich unter tibetanischen Obertongesangsmönchen zu befinden, nur etwas schenkelklopfender, und Frau Horst watschelte mild-bayrischkichernd nach dem Kaffee.

"Also dann eben Steff" - ich holte wieder zu einem Handschlag aus, erreichte diesmal sogar seine rechte, als er, blitzartig in ein grölendes Gelächter ausbrach und das derartig, dass die gut geschorene Gänseblümchenwiese in ein Beben geriet, dass Ennios Schönbrunn-Aluguss-Stanzstuhl mit einem Bein in der Erde versank, gute 5 Zentimeter, was soll ich sagen, wieder ein Obertongegröle, diesmal von beiden. Steffs Tränensäcke quollen vor Brüllen, Ennio kreiste schenkelklopfend am Stand, und nach einer kurzen Tränenpause reichte Steff mir von unter dem Tisch das „corpus miracle“, eine Flasche Armagnac mit Glas.

"D...d...d...der Kaffee ...", wieder kreischten sie beide los, "k...k...kommt gleich ..."

Irgendwie schon auch belustigt durch diese Stimmung, aber etwas „jet-laged“, wie gesagt - ÖBB, versuchte ich meinerseits den ersten unbeholfenen Witz: "Harry, fahr schon mal den Wagen vor."

Stille ... Ennio bemühte sich mittels Handrücken den Gelächter-Rotz in die Stirnhöhlen zurück zu saugen, und Steff sah mich ernst, aber mit vom Lachen geröteten Augen, an. Stille ... um dann gleich wieder derart los zu prusten, dass ich auch nicht mehr anders konnte...

Ja irgendwann war ich dann auch nicht mehr wirklich nüchtern, Frau Horsts Kaffee half uns kurzweilig auf die Sprünge, dann nahm sogar Frau Horst einen sehr guten Doppelten, und irgendwie hab ich dann so gegen fünf Uhr in der Früh meinen Vertrag mit TV MEDIA per SMS gekündigt. Hätt ich doch ein Interview mit Horst machen sollen. Aber keiner hat mir gesagt, dass der Herr Tappert inzwischen Steff heißt ...

... das Gästezimmer war komfortabel, Ennio nicht mehr wirklich "damm da damm da damm" ... die Nacht quoll dann in den Morgenstunden langsam ab, und soweit auf mein Kurzzeitgedächtnis noch Verlass ist, sind wir irgendwann zu viert, Frau Horst, der Steff, Ennio und auch ich, am Weg zur Hausbar ins Pool gestolpert.

Zuvor hatte sich Steff noch beide Haarteile aufgesetzt.

Ich weiß, der Schmäh ist billig ... und er wäre noch viel billiger, wenn er nicht wahr wäre.

Und dann kam ich Heim eines Morgens. Wieder etwas „jet-laged" von der Bundesbahn. Und dann kommt der Postmann und legt mir das TV MEDIA auf den Tisch. Gratis! Weil ich ja dafür arbeite. Und da drin ist ein Interview mit dem Horst, der in Wirklichkeit sich Steff nennen lässt. Und vom Ennio ist keine Rede, und auch nicht von der Aluguss-Stanzgarnitur, und vom Gugelhupf, und auch nicht davon, dass der Steff mit BEIDEN Haarteilen am Kopf ins Wasser gefallen ist.

Aber wenn sie das Interview schon erfunden haben, hätten sie doch schon auch eine Frau Horst mit erfinden können ...

Alles Dilettanten ...

DAGMAR KOLLER

Ich frag mich ja wirklich, was für ein Teufel das ist, von dem Dagmar Koller seit einiger Zeit geritten wird. Begonnen hat es ja recht harmlos, mit dem von „*News*“ kolportierten und von ihr persönlich bestätigten Sager, dass sie seit dem tragischen Anschlag auf ihren Mann keinen Sex mehr hatte, was ihr aber auch nicht abgehe, - kann man ... irgendwie ... verstehen - und dass sie davon träume, mit Putin Sex zu haben. Also als ich das vernehmen musste, ist meine ländliche Idylle doch etwas ins Wanken geraten...

Ich mein Putin ... und Dagmar Koller ...

Ich mein, ich hab schon eine perverse Fantasie, aber das wäre mir von selbst nie eingefallen. Aber wenn man mich derart mit der Nase drauf stößt, kann ich nicht drum rum, Bilder in meinem Kopf zu kriegen. Putin, der kleine leichenblasse Putin, in schwarzglänzendem Latextanga, mit einer siebenschwänzigen Lederknute in der Hand, und vor ihm liegt, wahrscheinlich irgendwie „bandaged“ sogar die ... - ich kann es gar nicht aussprechen ...

Aber wie gesagt, das war alles noch irgendwie harmlos, der Anschlag auf ihren Mann ist sieben Jahre

- oder so - her, da kann man schon schrille Fantasien entwickeln, mitunter.

Aber dann hab ich einmal, innbrünstig „*Vera*“ über mich ergehen lassen, und da sitzt doch tatsächlich die Dagmar, und erzählt allen Ernstes, dass ihr bei einer Modenschau oder so, in jungen Jahren, in dem Moment, wo sie den Laufsteg betrat, und jetzt wörtlich, weil anders ist das einfach nicht vermittelbar: "und in dem Moment wo ich den Laufsteg betrete, und da war ja viel Publikum, und die Leute, ... ist mir ein Buserl aus dem Kleid herausgehupft, na, ich hab das Buserl dann wieder reingstopft ..." etc., etc.

Ich glaub, ich bin in diesem Moment, als ich das sehen und hören musste, blass wie Putin geworden, aber mit leicht, von der Euphorie der Peinlichkeit, geröteten Wangen.

Mein Weltbild schwankte nicht mehr, ich war schon abgebrüht, und meine Fantasie sagte nach der ersten Synapsenbewegung: niente! Nicht mit mir! Keine Bilder ...

Nun, Wochen vergingen, die ländliche Idylle hat neue Formen angenommen, wie das im Laufe der Jahreszeiten eben so ist, die Welt in mir hat sich gesund beruhigt, die Blässe ging weg ..., wurde ich wieder mit dieser Frau konfrontiert.

Ja, ich glaub es war in ... in ... ah ... Seitenblicke, oder war es „Dancing - Stars“? Ist wurscht, das ist ja eh das Selbe, und da ist sie plötzlich wieder, die Dagmar, wird befragt zu ihrem Verhältnis zu „*Gentleman-like*“, und sie sagt: "ich mag das, wenn mir ein Mann den Sessel so von hinten in den Popo hineinschiebt ".

Meine Synapsen bäumen sich auf, während sie sich zugleich schmerzerfüllt im Gram beugen, mein Herz beginnt hysterisch zu flattern, mein Barhocker hat vier verschieden lange Beine, die Erde erschüttert so was nicht, aber mein Küchenboden macht enthusiastisch die Welle! Hat Putin gerade Schnackerl? Und warum hat ihr Mann, der Helmut Zilk, sie noch nie in seine Sendung "Lebenskünstler" eingeladen?

Und wenn ich mir die letzten Jahre der politischen Landschaft hier in Österreich so kurz Revuepassieren lasse, stelle ich Erstaunliches fest: wir hatten einen FPÖ Kabas, den sie im Puff erwischt haben, und der ernsthaft darauf sagt, dass er nur einem anonymen Hinweis nachgegangen ist, dass dort Schwarzarbeiterinnen hackln. Wir hatten in der Steiermark eine „Frau Landeshauptmann Walter Klasnic“, die auf einem riesigen Polyesterkürbiskern über Graz reitend fliegt und laut kreischend „ÖVP! ÖVP!“, brüllt. Und eine Altbürgermeistergattin, die öffentlich davon träumt, dass ihr - Putin in Latexstrapsen? - einen Sessel von hinten in den Popo hineinschiebt.

Irgendwie beginne ich, dieses Land immer mehr zu lieben.

Ist Putin verheiratet?

Stopp!

DER ALZHEIMER – WITZ

So. Melanzani haben sie keine, ... auch gut. Weiß dann eh nie wirklich was ich damit kochen soll.

Ich geh also zur Kassa, stell den Apfelsaft auf das Förderband ...

Warum sind Mandarinen in meinem Wagerl? Ich hebe sie in ihrem Netzchen heraus, und sage in Richtung der Kassiererin: "Oh, die hat wohl jemand fälschlich in mein Wagerl gelegt"

"Gebens her", sagte sie freundlich, "die schmeiß i gleich weg, da is eh schon eine schimmlig."

Sie ist sehr freundlich, und ich glaube, insgesamt etwas einsam, ja, ich kenne sie mittlerweile seit zehn Jahren, greife abermals in das Wagerl, ... Scheiße, wo ist das Cola?

"Hams a falsches Wagerl erwischt?", sagt sie.

"Nein, nein, das is schon alles von mir, nur das Cola für die Nachbarin, und das Pittinger Bier im Angebot ..."

"Do hint, bei die Teigwaren steht a Wagerl mit an Cola und an Pittinger".

Ich bin der Einzige an der Kassa, spute mich gelassen aber aufgeweckt (ja, so was passiert mir nicht alle

Tage) zu den Teigwaren und seh dort doch wirklich ein verlassenes Wagerl mit Cola und Pittinger.

Verdammt ... denk ich. Woher hat die das - drei Regale weiter bei der Kassa - gewusst? ... es ist also doch ein Lehrberuf.

Ich komm also mit dem zweiten Wagerl zur Kassa und sag: "Jetzt bin ich wirklich mit zwei Wagerln einkaufen gewesen", sie hat zwischenzeitlich gemütlich weitergearbeitet, das heißt, der Schafskäse liegt mittlerweile auf der Ablage nach der Kassa, ich lege ihn wieder ins Wagerl, sie kichert freundlich, ja fast verliebt, und hinter einer Flasche Olivenöl - PIEP - sagt sie: "Wissens was des Schöne an Alzheimer is?" Nein, ich muss mich korrigieren, ich kenne sie mittlerweile seit zehn Jahren, sie hat gesagt: "Kennans schon den Witz min Alzheimer?" Ich war nicht wirklich diesbezüglich wissbegierig, aber doch leicht erfreut gegenüber dieser ländlich sympathischen Mitteilungsbedürftigkeit, so sagte ich also: "Nein?!"

"Des Schöne an Alzheimer san drei Sachen. Erstens: sie können sich zu Ostern die Eier selber verstecken, zweitens: sie g'frein sich jedes Mal wie beim ersten Mal auf Weihnachten, und drittens: ja drittens ... äh ... äh ... ah, ja! Sie können sich die Eier zu Ostern selber verstecken!"

Aus meinen Drogenzeiten wusste ich, dass man auf Witze im Supermarkt aus Gründen der Unauffälligkeit lacht, dezent aber nicht teilnahmslos, sagte durch diese Szenerie auch mild gestimmt: „Griaß di", und schob meine beiden Wagerln zum Packtisch.

Nun in diesem Moment sollte ich vielleicht anmerken, dass ich bei all diesen Szenerien keine Überheblichkeit, oder gar Arroganz vernahm, sondern es sich schlicht und einfach mancherorts des Lebens etwa derart verhält wie am Eislaufplatz: wenn ich dort mit der Hand aushole, und jemanden in die Fresse treff, tu ich das schlicht nicht um diesen zu schlagen, sondern einzig und alleine, weil ich im Begriff bin, das Gleichgewicht zu verlieren, rücklings zu fallen, und dabei naturgemäß etwas fuchtle.

Das Schöne beim Interspar ist, dass sie einen Wühltisch mit Kartonagen haben. Ja, es ist Winter und ich brauch was zum Unterzünden, schlichte mein Olivenöl, das Cola für die Nachbarin und die Dose „Pomodori", geschält und gewürfelt, in den viel zu großen Karton, und denk mir: Moment - die hat diesen Witz verdammt gut erzählt ... und wie ich zu dieser Glas-Aufwiederschauen-Schiebetür geh, zieht sie gerade eine Tube Mayonnaise über das PIEP und sagt nochmals „Griaß di!"

Ich geh hinaus auf den Parkplatz und stelle das ganze überlebenswichtige Klumpert in mein Auto, mich selbst auch - das heißt, ich darf sitzen - muss ich doch noch navigieren ...

Draußen ist es finster, weils Ende November is, hinten die Kartonage mit dem Überlebenszeugs.

Gurte mich an, öffne zwischen den Beinen eine Dose „BLUE BEAR", dem „RED BULL" für Arme, und begebe mich mit Licht, aus dem stehenden Verkehr in den fließenden, welchen man in Jennersdorf vergeblich sucht.

Und dann komm ich nach Hause, zu einem Haus, von dem fast niemand weiß, wo es steht. Die Frage, ob ich glücklich bin, kann ich nur bezüglich "Kennans scho den min Alzheimer" beantworten, und da fragt mich ein lieber alter Freund, ob ich mich hier zu Hause fühl ... ich kann nur sagen: ... JA!

DER GOLDENE SCHWAN

Wer um ein Uhr morgens das Radio abdrehen will, kann das ja auch gerne tun. Mir hingegen schmeckt der Weißwein so gut. Der Weißwein, also nicht DIESER, sondern der Weißwein per se - schmeckt derart gut, dass ich mich am liebsten drin vergraben würde. Weil es aber eher schwierig sein wird, sich in einer Flüssigkeit zu vergraben - ja, man stellt das dann sehr bald fest, dass man die Schaufel völlig umsonst mitgenommen hat - muss man umschwenken auf das darin Bade. Und wer vom exzessiven Vergraben träumt, muss bei flüssigen Stoffen eher das Tauchen wählen.

Der Weißwein schmeckt einfach derart gut, dass ich also darin tauchen will, nur sollte ich das eher unterlassen. Sonst verstehen mich die Menschen in den nächsten drei Tagen, aufgrund des mir anhaftenden Geruches noch weniger, als sie das eh schon nicht tun, und ich würd obendrein auch noch einer plumpen Fehlinterpretation meinerseits aufliegen, denn ich will ja gar nicht in Weißwein extrembaden, sondern schlicht in seinem Geschmack versinken! Oh, ist das guuut ...

Skeptiker werden natürlich gleich vermuten, dass es sich hier um plumpes Suchtverhalten handelt, aber ich muss euch enttäuschen, das hab ich schon vor euch festgestellt.

Maria Rauch-Kallat hat mich zu einer Gesundheitsunterredung ins Cafe Sacher geladen, da sitz ich also bei meinem großen Braunen, als ein roter Omnibus mit einem Saurierschweif umgeschnallt auf mich zurast, ich blute schon wieder aus dem Arsch - Scheiße, gerade im Sacher muss mir das passieren - küsse ihm seine rote Omnibusschnauze, schlurfe den Satz aus der Tasse und tue eilig. Ich mein, alles was recht ist ...

So, wo ist jetzt ein Taxi?...

Ich muss die 15 Uhr Maschine nach Rio erreichen. Endlich kommt dieser kunstlederne Nichtrauchersitz daher und die Zeit wird langsam knapp. "Schwechat", sag ich. Freundlich und geradezu übertrieben berührt. Schwechat ... was für ein hässliches Wort: Schwechat.

„Kriegt man im Flugzeug Weißwein?“, denk ich, „oder muss man an Bord Whiskey saufen?“

Ja Rio! Dort sind alle immer nabelfrei unterwegs, auch im Winter! Das ist ein Land! Die Menschen sind braun! Nicht so grün, wie dieser Mensch hier neben mir in diesem Nichtraucherkunstledersitz.

Dunkelgrün, mit einem hellblauen Hemd ... kann man diesen Menschen bezüglich Coloration beraten!? Aber wenn man sich in Wien Feinde machen will, muss man nur jemanden beraten. Das lass ich lieber, will ich doch nur nach Schwechat.

Die Fahrt nach Schwechat dauert 25 Minuten, mit Mühe wähle ich die Nummer meiner Hackschnitzelheizung und sage ihr in gebrochenem schwedisch, dass sie etwas nachlegen soll. Ja, das ist nötig, weil dieser Hausbesitzer mir nicht glaubt, dass ich dort wohn, und mich so ex .... so ... ex ... also rauswerfen will, und dann kann ich eben so über BOB nachweisen, dass ... ich ... dort also ...

Es gibt Momente, da sitzt man neben einem Menschen und spürt genau, dass der nicht neben einem sitzen will. So können 25 Minuten für zwei Menschen verdammt lange werden. Und während wir Alterlaa durchqueren, denk ich mir ZWEI Sachen: erstens: will mich dieser grün-blaue Mensch verarschen? Und zweitens: warum Rio! der Adventmarkt in Alterlaa kann doch auch ganz nett sein, oder?

Als wir dann wenig später die Kreuzgasse im 19. Bezirk durchfuhren, wurde ich etwas skeptisch, ob der Routenwahl, verließ schnurstracks bei einer roten Ampel den Wagen. Ja, man will sich doch schließlich nicht bei voller Fahrt auch noch verletzen, atmete schöne Winterluft, trocken, kalt und gut, Kreuzgasse ... hab ich doch hier einst gewohnt. Der grüne Taxler ließ mich gehen, (ich bin mir gar nicht sicher, ob ich wirklich neben ihm saß) ein Schwarzkappler, vor zwanzig

Jahren, Ecke Kreuzasse - Simonigasse, der war da anders. Der ist mir nachgerannt: „Du Wichser, du gschissener, bleib steh!“

Der hat mich aber nicht eingeholt. Wahrscheinlich war sein schwerer schwarzer Filzmantel einfach ZU schwer. Und geärgert wird er sich haben, und geärgert, und geärgert...

Häääähää ...

Ich lief damals in den Bau, ich glaub Stiege 14 wars. Ja, ich glaub Stiege 14, vierter Stock, ohne Lift.

Wir hatten sogar einen kleinen Balkon, so Schilfmatten vom Ikea und eine Hängematte.

Ich steh auf diesem Balkon, und denk mir: oh Gott, was verschlägt mich denn hier her? Nach gut zwanzig Jahren.

Warm könnte einem ums Herz werden ...

Aber das ist eben das mit den früh-jugendlichen Lieben.

Das Herz soooo schön, das Hirn so bockig, und irgendwo im Keller wuselt da auch noch ein Elternhaus herum...

So schön war die Hängematte, so jung und knuffig unsre Haut, sogar ein Baby war da, und wir? ... Blöde Tölpel ...

So steh ich hier, im vierten Stock auf dem Balkon, und denk mir: "heim, heim, ich will heim!" Diese Nachmieter hinter mir von dieser Wohnung werden auch schon sichtlich nervös ob meiner nicht für sie einzuordnenden Existenz und Anwesenheit, ist doch plötzlich jemand herinnen, den sie niemals rein gelassen hatten. So steig ich auf mein altes Waffenrad und fahr im 19. Bezirk bergab...

Hoch lebe die Assoziation. Ich brauch jetzt eine Assoziation, ich muss weg von hier!

Frau Origami half mir schließlich.

"Das ist ja nix für nix erfunden", sagte sie mild fröhlich, und drückte mir einen Papierbogen in die Hand.

Bei jedem Falzen verspürte ich eine gewisse Fröhlichkeit, ja, eine richtige Fröhlichkeit, und wenn ich mich recht erinnere, hab ich den goldenen fliegenden Schwan gefaltet. Und dann sagt sie, mit ihrer süßen, flachen Nase, und ihrem eigenen Grinser, sagt sie: "Und jetzt setz dich drauf auf deinen Schwan!"

Wou!!!

... und ich flog dahin ...

DER PAPST IST TOT

So.

Jetzt ist es also halb elf Uhr abends, das Wetter draußen bildet sich ein regnen zu müssen, trotz April ist Holz hereingeschafft und der Ofen glost warm schummrig vor sich hin. Ein Bild, das Anfang Oktober noch warme Seligkeit in mein Herz bringt, beginnt eben im Frühling etwas zu ermüden, aber schön, dass ich nicht frieren muss.

Die Dachrinne, die direkt in die Regentonne mündet, klingt selbst bei verschlossener Tür wie irgendein Herrgott nach drei Stunden Buschenschank am Klo. Bei offener Tür, wie ein Herrgott nach sieben Stunden Buschenschank.

Ist er also doch ein Ebenbild. Und ich hab schon zu zweifeln begonnen...

Schweigsame, pressegeile Kardinäle ziehen sich gerade in die levantinische Kapelle zurück, um einen neuen Papst zu wählen. Entschuldigung, es war nicht die levantinische, sondern ... na die von Michelangelo eben, angeblich stand auch Bischof Schönborn zur Diskussion, aber ab jetzt müssen sie schweigen! *Clerus sanctus, spiritus sancti. Et ominis.*

Ich weiß nicht, ob das was heißt, ich hab nur gesehen dass sie dem Papst auf dem Totenbette so ein Mützerl umgebunden haben, wie eins auch der Nikolo trägt, und so ein mäanderter Stock war auch noch dabei.

Zuvor waren alle echten Katholiken monatelang dazu verdammt, auf einen inkontinenten, halb gelähmten Papst zu starren, der seinerseits völlig high von Sauerstoff aus seinem Sauerstoffzelt ruinös in die Mengen wachelt:

urbi et orbi!

Und schon gehen tausende Menschen wieder heim, die einen, die kleinen, tragen Erstkommunionskerzen in ihren kleinen feierlichen Händen, die anderen machen Menschen tot, mit den Worten „GOD SAVE AMERIKA“, und wieder andere stehen hier in den Startlöchern, um zu sagen: „Humpi-dumpi hoppala, ich wollt nur schaun, ob in dem Puff Leute schwarzarbeiten.“

Humpi dumpi hoppala, ich wollt eigentlich nur schaun, wie das jetzt ist.

Lasst mich etwas beflügeln: Schwarz, Blau, und Orange ... wenn mich jetzt nicht alles täuscht und von meiner Zeit als Maler noch etwas übrig geblieben ist, ergibt das so ein seltsames braungrau.

Das ist aber nur ein Beispiel aus der Farbenlehre. Ist ja auch egal, der Papst ist tot. Und ich will einen neuen Nikolo!

Ich glaub, das sind wir auch all unseren Kindern schuldig! Und ich würd mich tief im Herzen freuen, wenn Bischof Schönborn (der angeblich vorgeschlagen wurde,) zum neuen Papst erkoren wird.

Aber dieses Thema ist grandios einschläfernd, muss Kardinal Schönborn auch nachlegen, im Ofen, oder hat er dafür seine Buben ...

Ich bin ein Bube, muss nachlegen, auch in meinem eigenen Herd, und außerdem ist mir dieser ganze Katholizismus viel zu grauslich und viel zu unwichtig, um über diese BÜÄÄÄH zu schreiben.

Der Papst ist tot. Na endlich, das alles wird uns aber nicht davor beschützen, flugsdiwups einen neuen zu bekommen, noch ist es eine kleine Überraschung, wie ein Ei, na mal sehen, wer da herausschlüpft, hoffentlich ein ganz konservativer, der die katholische Kirche endlich dahin bringt, was sie eigentlich ist ...

So. Aber ich will jetzt einen schönen Abend, auch einen gesegneten, und dieses Thema ist wirklich zu grauslich, um sich damit abzugeben.

Gute Nacht.

WINNETOU

Heute bei VERA durfte ich erfahren: Pierre Brice schenkt uns wirklich nichts.

Er hat jetzt sogar ein Buch herausgebracht, seine Memoiren, die den bedeutungsvollen Titel: "Winnetou und ich" tragen.

Also ich bin ja für ihn froh, dass das Buch nicht "Pierre Brice und ich" heißt.

Nun, begonnen hat das Desaster ja 1962, - da war sogar mein älterer Bruder nicht einmal noch erdacht - ja, 1962 soll seine Agentin ihn angerufen haben, mit der Frage: "Woenns an Indiana spüün?"

Darauf hat er gesagt - und das ist alles in den Memoiren nachzulesen: "Wie bitte, isch verstehe nischt?"

Nicht wirklich interessant, aber so hat das Mirakel begonnen. Seltsam, er redet heute noch so, jedem Türken mit einem solchen Akzent würde sowieso gleich die Aufenthaltsgenehmigung entzogen werden, aber Pierre Brice lebt seit nahezu vierzig oder mehr Jahren in einem bescheidenen Häuschen im Salzkammergut, da hat er's gut, nicht weit von diversen Drehplätzen der diversen Gastrollen, mit denen er sein Leben fristet.

Rollen, die ihm auf den Leib geschrieben, einmal mimte er in Schlosshotel Orth einen Pferdeflüsterer, damit alle daheim an den Fernsehgeräten gleich assoziieren: "heast schau, da Winnetou spüüt mit."

Lex Parker war sein guter Freund, ja, auch privat, und ich hab ja gar nicht geglaubt, dass Winnetou auch ein Privatleben hat - falls aber doch, wie er beteuert, will ich gar nicht wissen, was er mit der Uschi Glas angestellt hat. Nach Drehschluss.

Ja, weil er erklärt gerade der Vera, was er nicht für ein Casanova war. Die ... die ... die Dings, ... diese Italienerin, die ... die ist ihn ja richtig angesprungen, erzählt er. Und die ... die ... diese Französin, die ... Dings, die erst recht.

Na, das waren halt die wilden Lumpenjahre, und mit 52 hat er dann geheiratet.

Das steht alles in den Memoiren ... Sex sells ...

Und im Publikum sitzen lauter schwangere Frauen. Wirklich!

Dass ich das falsch verstanden habe, erfuhr ich erst beim nächsten

Beitrag: Brustkrebs.

Dass ich auch das falsch verstanden habe, wurde mir beim übernächsten Beitrag klar: Tollwut.

Und im über-übernächsten Beitrag hab ich's dann endlich verstanden - es ist mir fast schon peinlich - Schwangerschaft!

Und was ich nun endlich verstanden habe, es gibt von Winnetou über Casanova und Memoiren über schwangere Frauen im Publikum, bis Tollwut, über Brustkrebsfrüherkennung, bis hin zu schlichter Schwangerschaft, einen roten Faden bei Vera!

Lange Jahre lang hatte ich nach einem roten Faden bei Vera gesucht, jetzt wurde er mir offenbart! Es war also kein Fehler bis 22 Uhr aufzubleiben!

Und jetzt, um 22 Uhr, kommt die große Öde. Donnerstag, „Vera" sells. Jetzt könnt ich bestenfalls umschalten, auf Primetime. Auf „Donnerstalk" und „Mundl", aber isch versteehh das nischt.

Einsam und verlassen zieht sich Winnetou in seine Enklave in Bad Goisern zurück, seine Frau ist auch nicht da, die dreht gerade eine Gastrolle für "Nicola" in Bayern, oder irgendwo im Nordrhein Westfahlen, oh Gott, nicht mal das weiß er noch. Er sitzt im Lehnstuhl, Alzheimer schüttelt sein Knie und schaut sich die Aufzeichnung von „Vera" an. Diese ganzen Schwangeren im Publikum. Winnetou wird warm ums Herz.

„DIE HOB OLLE I GSCHWÄNGAT!"

Ups, wo bleibt der Akzent?

UM NACHTMAHL GIBT ES HEUTE SEKT.

Wer heute nicht in Vöcklabruck war, hat wirklich was versäumt.

Zum Nachtmahl gibt es heute Sekt.

Dort haben sie ein Krankenhaus gesprengt.

Zum Nachtmahl gibt es heute Sekt.

Ganz legal, mit Polizei sogar.

Zum Nachtmahl gibt es heute Sekt.

Die Kranken ham sie vorher rausgeschafft.

Zum Nachtmahl gibt es heute Sekt.

Heut hab ich mir Sandalen angezogen, nur zum Spaß.

Zum Nachtmahl gibt es heute Sekt.

Vier Grad minus hat es jetzt.

Zum Nachtmahl gibt es heute Sekt.

Muckenstrunz ...

Zum Nachtmahl gibt es heute Sekt.

und Bamschabel.

Zum Nachtmahl gibt es heute Sekt.

Und Peter Rapp sogar.

Zum Nachtmahl gibt es heute Sekt.

Im ORF.

Zum Nachtmahl gibt es heute Sekt.

Es war ein schlechter Tatort heut.
Zum Nachtmahl gibt es heute Sekt,
ja, auch sowas gibt's.
Zum Nachtmahl gibt es heute Sekt.

Das Drehbuch …
Zum Nachtmahl gibt es heute Sekt.
war eher was für Matula …
Zum Nachtmahl gibt es heute Sekt.
und den „Fall für zwei".
Zum Nachtmahl gibt es heute Sekt.
Und ich …
Zum Nachtmahl gibt es heute Sekt.
bin …
Zum Nachtmahl gibt es heute Sekt.
langsam …
Zum Nachtmahl gibt es heute Sekt.
leer.
Zum Nachtmahl gibt es heute Sekt.

Zum Nachtmahl gibt es heute Sekt.

Zum Nachtmahl gibt es heute Sekt.

EISZAPFEN IM WINTER

Wenn man eine leere Kiste Bier in den Supermarkt zurückbringt, bekommt man immerhin 10 Dosen Skol dafür. Wenn man aber, so wie ich heute, zwei leere Bierkisten in den Supermarkt bringt, bekommt man 20 Dosen Skol dafür, und ein Euro irgendwas an Bargeld. Und wenn man dann noch in den Tabakladen geht, wo sie hier auch Wolle, Faden und Knöpfe verkaufen, und nur noch sechs Euro und vierzehn Cent auf seinem Konto zu verbuchen hat, fragt man einfach die verkaufsorientierte Besitzerin des Ladens nach der günstigsten Rauchware, bekommt „PEPE" ans Herz gelegt, nimmt zwei Schachteln derselben, steckt die Karte in den Schlitz, tippt was, zieht sie wieder raus, spricht ein paar Worte mit ihr (und das ist immer schön, weil sie hat so wirklich null Verständnis für diese Welt, außer für ihre Kunden und mich), verlässt den Laden, lässt den Wagen vorglühen und erkennt den Zeiger des Tankfüllbarometers einen Millimeter über null, kommt wenig später heim, öffnet eine Flasche selbst gekelterten Uhudler, erinnert sich noch kurz daran, dass die weißen Schneepflugberge an den Banden der Fahrbahn im Rückspiegel, mit etwas Bremslicht versehen, fast aussehen wie Turmwolken kurz vor einem heftigen Regenschauer im August bei Abendrot. Drogen am Steuer sind nicht gut, aber umso schöner ist es, wenn man lebend daheim ankommt.

Morgen bin ich bei Nachbarn eingeladen, auf Schafragout mit Braterdäpfeln und angebranntem, warmen Krautgemüse. Und gestern hab ich mir schon Sorgen gemacht über die nächsten Tage.

HA!

Mein Holzofen ist undicht, und für alle Holzofenunkundigen: das heißt nicht, dass er qualmt, sondern schlicht und einfach, dass der heizt wie die Sau!

Draußen hat es weite Minusgrade, meine Fenster sind ebenfalls hochgradig undicht, was den Vorteil hat, dass man den ganzen Winter hindurch wirklich nie lüften muss, ohne dass die Geruchsqualität der Raumluft darunter leidet und auch noch dafür sorgt, dass durch höhere Physik, die ich hier nicht weiter erklären will, ein Meter lange Eiszapfen von meinem schneebedeckten Dach vor meinem Fenster herunterhängen.

Ein Wermutstropfen im Winter ist nur, dass man sich gelegentlich Bodylotion auf die Haut auftragen muss, damit sie unter diesen schrecklichen Bedingungen nicht bricht, hat aber auch den Vorteil, dass die meistens sehr gut riecht, und das kann dazu führen, dass man sich nicht gar allzu arg oft waschen muss, weil das gehört ja zu den zehn größten Verbrechen an der Haut. Das Waschen.

Ja, ich weiß, einige empfindsame Nasen werden diese jetzt rümpfen, aber fragen sie Hademar Bankhofer. Der wird ein Kümmelbad empfehlen, und welche Frau will schon, dass der Mann, mit dem sie sich penetriert ... (kann man das so sagen? Wurscht ...) nach einem Laib Brot riecht.

Ja, zugegeben, ich hatte mit Brot schon weitaus unterhaltsamere Gespräche geführt wie mit Menschen, aber hier geht es um Sex! Hemmungslosen Lustsex, von dem ich mir nicht wirklich sicher bin, ob der zu irgendwas, also auch in vollem Anbetracht der psychosozialen Seite, zu irgendwas nütze ist.

Hemmungsloser Sex mit einem Laib Kümmelbrot ...

Natürlich ist er zu was nütze.

Die Eiszapfen vor meinem Fenster sind ja auch zu was nütze. Und die Erdnüsse, die ich psychotisch während „WILLKOMMEN ÖSTERREICH“ in mich hineinfresse, sind ja auch zu was nütze.

Und jetzt hol ich mir ein Skol. Und das sauf ich aus der Dose! Weil die ist auch zu was nütze. Ich weiß zwar nicht für was... ohja! Man kann sie wiederverwerten!

Na, immer wieder dasselbe, ich trifte ab in Sex. Was hat denn Sex mit Evolution zu tun … und was haben die meterlangen Eiszapfen vor meinem Fenster mit Evolution zu tun?

Ich bin, also denke ich,
ich denke also bin ich,
ich bin, also bin ich,
und freu mich über die Eiszapfen vorm Fenster.
Und weil ich bin, trinke ich auch Skol.

Und wenn ich bin, was ja dadurch eindeutig bewiesen ist, dass ich trinke, (also wer kann schon trinken ohne zu sein?)… aber das werden wir diesem Staat der Kleinbürger wohl nie klar machen können, warum auch(?)… sind wir alte Griechen, oder was?

Doch, Moment, zurück zum Anfang: zwanzig Dosen Skol, zwei Packungen „PEPE"-Rauchware. Im Regal hinten steht auch noch eine Dose Sardinen und außerdem brüte ich ein riesiges Wimmerl an der linken Lachfalte aus.

Oder einfach: Die Eiszapfen an meinem Haus sind sooooo wunderschön …

DER TSUNAMIKOLUMNIST

Die Austria-Presse-Agentur ließ gestern verlautbaren: "Hausgelsen erwachen"! Es ist Mitte Jänner, ich hab gelacht, mich gefreut, dass es auf meinem Klo nicht so arg kalt ist wie ansonsten zu dieser unwirtlichen Jahreszeit, erschlug eine gemeine Hausgelse, betätigte die Spülung, wunderte mich nicht allzu sehr und hatte auch keinerlei Angst, weil doch im Kurier deutlich nachzulesen war, dass trotz allem keine Malariagefahr in Österreich herrscht. Das finde ich gut. Lindert dies doch die Gefahr, dass uns eine Gesundheitsministerin an den Kassen diverser Lebensmittelmärkte zum Kauf eines Malariaschutzanzuges überreden will.

Da ich aber nicht weiß, was ich vom drohenden Klimawandel wirklich halten soll, und schon Orkane an die Haustür klopfen, habe ich also vorsorglich dicke Drahtseile vom Baumarkt in der Scheune gebunkert, mit denen ich versuchen werde, mein Hausdach zum Bleiben zu überreden, während Tsunamis durch das Südburgenland joggen. Ja, weil wenn's dann so weit ist, rennen alle zum Baumarkt, und dann sind die Drahtseile eben ausverkauft - ich hab sie schon!

Ich würd so gern Kolumnen schreiben, dann könnt ich jetzt schon aufhören … aber nein …

So, wo hab ich jetzt den Wein hingestellt, den ich heute gekauft hab ... im Vorzimmer ist er nicht ... ah! Da unter dem Handtuch ...ah, nein. Das ist eine andere Schachtel ...

Wahrscheinlich hab ich ihn im Auto vergessen, es passiert ja nur Alkoholikern, dass sie den Wein NICHT irgendwo vergessen, ich muss nachsehen, Moment.

So ... Auto war blinder Alarm, auf der Terrasse war er auch nirgends, aber im Vorzimmer hab ich ihn dann angetroffen, dieser kleine Teufel. Glaubt er kann sich verstecken …

Die Schaumweinsteuer ist ja weggefallen vor ein paar Jahren. Und das war seltsam, weil irgendein Hochriegel dann statt fünf-fünfundsiebzig dann nur mehr fünf-fünfundzwanzig gekostet hat.

"HA-HA!" … hab ich gedacht, weil man ja im „Interspar“ nicht auffallen will.

Und jetzt war ich in Feldbach beim „LIDL“.

Ja, eine Freundin hat mich, was weiß denn ich wieso, überredet zum „Lidl“ zu gehen, aber ich schaff das einfach nicht! Ich hab da irgendeine emotionale Sperre durch eine Tür zu gehen, wo der Andi Goldberger drauf pickt. In Lebensgröße!

Gut, sie ist mich beschützend vorausgegangen, die Tür hat sich weggeschoben, und dann hab ich mich halt überwunden. Und da drin steht ein Sekt um eins-neunundzwanzig, und weil ich Geburtstag hatte: zwei Flaschen!

Und heut war ich beim Hofer, allein, und da steht auch ein Sekt um eins-neunundzwanzig. Und daneben der gute Welschriesling um eins-neunundvierzig. Und weil ich ja zwei Neffen und Nichten habe, die aus Frankreich stammen, und nur gebrochen schwedisch können, beginne ich unverblümt vor dem Semmelregal zu meditieren: Franzosen haben ja so ein komisches Zahlen-Dingsbums. Also die sagen ja zu fünfzig, zwanzig und dreißig, oder so. Und zu neunzig sagen sie dann zwanzig und dreißig und vierzig. Also die lernen Rechnen schon, wenn sie reden lernen, im Vergleich zu uns: bei uns steht ein Kind am Markt, kann zwar neunundvierzig sagen, versteht aber nicht, was es heißt.

Das ist natürlich schlecht, wenn es um Pisa geht!

In Frankreich würde ein Kind rechnen: neunundvierzig, das heißt: vierzig ist zwanzig plus zwanzig, und das ergibt eben vierzig, beziehungsweise zwanzig plus zwanzig, und das sind ganze Euro, und die Cent sind dann noch mal dazu zwanzig und dreißig und vierzig Cent!

Das ist zwar nicht einfach, fördert aber das sinnerfassende Lesen insgesamt! Zumindest der Preisschilder!

Darum sind französische Kinder auch wesentlich skeptischer, wenn sie eine Karotte um siebzehn Euro null vier angeboten bekommen. Sie rechnen kurz nach, und sagen: "Verscheißer an Marokkaner, oba net mi!"

Was lernen wir daraus? Gelebter Rassismus ist nicht nur in Frankreich zu Hause!

Es ist zwar nicht schön, dass die Europäische Union nicht wirklich Einigkeit beweist, aber umso beruhigender, wenn es gewisse Punkte gibt, wo man schon auch weiß, dass sie uns doch auch irgendwie davor behütet, gar noch mit Insektennetz und „Rauch-Kallat-Schutzanzügen" schlafen zu müssen.

"ICH FÜHL MICH WOHL IN EUROPA!"

Und um es mit Ursula Stenzel zu sagen: "Ich fühl mich wohl im ersten Bezirk von Wien, wo keine Punschstandeln sind, kann keiner hinspeiben und wo keine Bildpost, da auch kein: "*Wir wünschen der Cornelia alles Gute zum fünften Geburtstag!. Und dem Hermann zum Fünfaneinzga, und dem Feuerwehrhauptmann dazu, dass er bei dem Foto fürn Fünfaneinzga fiarn Hermann a am Foto war, und wann wer ned do daham is, dann is a ned do daham. Und mia glaubn a net, dass si die zwa Negakinda wirkli integrian wean, des wean de sicha nimma!*"

Normalerweise schau ich mir nach einem Horrorfilm so was Belangloses, wie „WILLKOMMEN ÖSTERREICH“ an, es ist drei Uhr morgens, und ich glaub wirklich, dass ich jetzt ein neues Feuerzeug brauch.

Oh, wie gerne würd ich Kolumnen schreiben, kurze Absätze, kleine Worte sozusagen, wie gerne würd ich Kolumnen schreiben …

Und meine DVBT Box hab ich für meine Oma gekauft, und bis die merken, dass meine Oma, Gott hab sie selig, die alte Knisatschek, schon seit fast dreißig Jahren tot ist, vergehen sicherlich noch einige Monate und überhaupt freu ich mich schon darauf, die Herren und Damen von der GIS in ein derartiges Gespräch zu verwickeln, dass sie sich selbst nicht mehr auskennen und glauben, dass sie in Wirklichkeit von der NASA geheim gehaltene Testpersonen sind, um den Mars zu erforschen, und in ihr wahres Gedächtnis ist eingepflanzt worden, dass sie Fernseh-Kontrolleure sind …

Also die Welt ist abscheulich. Die Welt ist tsunamimässig auch unberechenbar, grausam. Aber ich wollte doch nur … aber ich wollte doch nur …

Also irgendwie find ich das Ganze jetzt unfair …

Und wo ist jetzt der Wein? …

EIGENHEITEN UND EIN FREILANDEI

Und weil ich heute schon ein bissl unter den Achseln gemirchtelt habe, es aber nicht Zeit für eine Dusche war, und das eindeutig, ich auch nicht im Besitz eines "Roll on" bin, und der Tipp von meiner Ex: "Dann nimmst dir ein Handtuch, machst es an einem Eck nass und dann wischt da damit über die Achseln", ist mir jetzt auch ehrlich gesagt ein bissl zu kompliziert, hab ich doch im Bad (das ist dieser Ort, wo man sich frisch macht) eine „Anti Mücken Lotion“ vom letzten Sommer entdeckt, die sehr stark und gut riecht, angeblich sogar für Kinderhäute äußerst geeignet ist, schmiere mir einen Tropfen derselben unter jede Achsel, und habe nun das Gefühl, als eigenständiges, dominantes Männchen einkaufen gehen zu können.

Ja, das klingt zwar weit her geholt, aber wenn ich jetzt, fast acht Stunden später, meinen Kragen mit der Hand weite, und meinen Rüssel reinstecke, ich kann nur sagen: ein Blütenmeer!

Keine Assoziation mehr zu Champignons und Bovisten, auch nicht Gemüsesuppe und/oder Käsepizza.

Eigentlich schade.

Dafür kann ich aber sicher sein, dass mir Mitte Jänner keine Gelsen in die Achseln stechen werden. Ist ja auch was! Nach langer Zeit ohne Sex beginnt man, sich über die absonderlichsten Dinge zu freuen…

Mit diesem Radiosender könnt ich zugegeben langsam verzweifeln, aber ein kurzes Nase-unter-den-Kragen-stecken, und schon bin ich wieder voller Lebensfreude, ja, überschwänglich gar, und fast zum Pferdestehlen aufgelegt, aus Liebe! Versteht sich!

Und wenn ich die "Ode an den Körpergeruch" nicht schon vor zehn Jahren verfasst hätte, jetzt wäre der Zeitpunkt sie zu schreiben. Und das liebliche Aroma von Füßen entsteht zwischen den Zehen! Vor allem, wenn man vorher durch Moos gewatschelt ist.

Ich hab heute einen falschen Fingernagel in meiner Jackentasche gefunden. Was weiß ich, wie der dort hinkam…

Tu sie fort, die falschen Nägel, wie lieb ich deine Fingerkuppen…

Tu sie weg, die falschen Wimpern, wenn wir uns küssen…

Ich will die ECHTE Farbe deiner Lippen schmecken...

Und mit achtunddreißig riecht man aus dem Mund nicht nach blühendem Leben, sondern nach Leben.

Voller Panik nehm ich einen Schluck Mückengel. Wenn es schon Kinderhäuten nichts antut, wird's wohl meinem alten Rachen milde gewogen sein…

Ja. Jetzt hab ich auch schon diese Didi Mateschitz Limonade ausgetrunken, verdrücke ein Freilandei vom Toni, schäkere vor dem Eierregal mit dem Filialleiter, der gar nix davon weiß, dass er schwul ist, leg mir so einen seltsamen Block Käse ins Wagerl, will nicht wissen, was der seltsame Frischfleischthekenchef hinter dieser Bühne mit dem Rindslungenbraten alles anstellt, lasse mir Farmerschinken im Angebot aufschneiden und nehm dann doch noch ein Hüferlsteak und einen halben Laib Brot.

Und wenn man Max Goldt glaubt, wenn er schreibt "Ich stehe mit dem Bierkasten vor dem Postkasten" oder so ähnlich, und er dann bemerkt, dass er gar keinen Brief geschrieben hat, sondern einfach zu viel hier getrunken…

Und genau so steh ich vorm Gemüse- und Obstregal beim Spar. Also es ist Winter und so, und da liegt auch Brokkoli. Und schöne fleischige Melanzani, und Brenner-Weintrauben. "FEINSTAUB", weht es kurz durch meinen Kopf, ich entscheide mich

für heimische Erdäpfel und liebe, dickschnauzbärtige, polnische Sattelschlepper, die um ihr Leben fahren, kauf mir fünf Litschis, weil ich diese kleine wollüstige Eichel doch auch gern in den Mund nehm, und den Kern bitte aufheben! Ich hab da so eine Marotte. Ja, ich will sie alle einsetzen, und schaun, ob da was aufgeht.

Also man kann deutlich erkennen: ganz dicht bin ich nicht wirklich. Die Mateschitz Limo hält nicht unbedingt, was sie verspricht, aber dieses Freilandei vom Toni ... was soll ich sagen ... Grüner Veltliner!

Und jetzt ist es schon sehr schwer zu sehen, was ich schreibe, weil ich schon mindestens doppelt sehe, macht aber auch unheimlich Spaß, weil der frische Wein ist gut gekühlt und außerdem sagt die Gerda Rogers, dass ich spätestens ab Juni total glücklich sein werde.

Trotz diesem Radioprogramm...

EIN GEDICHT

Ich wünsch mir einen Ombudsmann,
einen Ombudsmann, der alles kann.
Mein ganz privater Ombudsmann.

FEINRIPP

Also mich persönlich enttäuscht es ja zutiefst, dass mir heute Abend die Zunge derart brennt, dass sie mich am Weintrinken hindert. So bin ich also nun doch vom Weißwein auf den guten Roten umgestiegen. Wegen der Säure. Sozusagen um den ärgsten „Kollateral-Damage" abzuwehren.

Und irgendwie ist mir heute am Klo eine Marktlücke aufgefallen: FEINRIPP!

Das legendäre Feinripp! Gibt's seit weitaus mehr als fünfzig Jahren, nur und ausschließlich in Form von Unterwäsche. Hat ja wirklich was, das legendäre Unterleiberl, und die Gatte-Hosn mit Seiteneingriff. Das ist ja heute wieder modern, zumindest das Leiberl. Ärmellos. Auch ich hab eins, bei H&M schon gesehen, ab 9 Euro. Und in allen Gesellschaftsschichten vertreten. Na, zugegeben, vom Grasser glaub ich nicht, dass er eins hat, oder vielleicht nur noch von früher, falls er mal ein kleiner Bankbeamter noch war. Aber jetzt trägt er vermutlich nur noch hellgelbe Designer T-Shirts unter dem Anzug mit viel zu eng geschnittenem Halsausschnitt. Wie der Haider.

Eitle Wonne überfällt mich da hingegen, wenn ich unseren Klestil seh. Ich stell mir vor: die Hofburg, nach

Sperrstunde. Die Diener sind schon heimgeschickt, und selbst Dichand ist gegangen, ... alle Gugelhupfbröserl weggeräumt, ... zu dieser Stunde ist unser Klestil nur noch Thomas, befreit sich aus seinem Maßanzug und entledigt sich sogar seines Hemdes, welches etwas angeschwitzt, kippt lässig und müde mit dem postgotischen Stuhl etwas zurück, schiebt das Feinripp hoch um sich mit der rechten Hand den Bauch zu kratzen, und schabt sich genüsslich seine von Psoriasis geplagte Schulter am roten Wandsamt der Hofburg. Das ist ein Bild!

Oder DJ Ötzi. Mit Seiteneingriff, sonst nackt. Na gut...

Aber wie gesagt: Feinripp, eine echte Marktlücke! Wie wär's zum Beispiel mit Feinripp-Tapeten. Oder Feinripp-Porzellan. Dieses grüngekringelte Gmundner hält sowieso kein Mensch mehr aus. Oder der Dauerrenner Dauerweile, so fein gerippt, wie es nur Feinripp kann. Den Feinripp-Renault braucht man hingegen nicht zu erfinden, den gibt es auf der Südautobahn. Feinripp-Badeschwämme, Feinripp-Fliegenklatschen, Feinripp - äh ... Birkenstockschlapfen. Und nur bei Billa: die erstklassige Kodak-Bildausarbeitung auf Feinripp-Fotopapier.

Oder Speiseeis! MAGNUM, die sieben Todsünden ... interessiert keine Sau, Feinripp!!!

Haushaltsschwämme, Flachbildschirme, Gösser-Bier oder Schwechater, Thunfischdosen, Brotdosen, Grabsteine, Friedhofskerzen, Friedhofsgärtner, Umstech-Gabeln, Katzenfutter, automatische Treppenlifte, Pillen gegen Krankheiten, Schwerter, Rüstungen, Ketchup, Regentonnen ... äääääh ... Koksöfen und ... Klopapier.

Feinripp! Ganz zu schweigen von dem mittlerweile schon langweilig gewordenem Kreuzkümmel...

Bei Energiesparpfannenböden haben sie's schon entdeckt, den Feinripp. Ja, innen, hat der Energiesparpfannenboden angeblich zwei diagonal liegende Feinripp-Schichten.

Also wie gesagt, ich wünsche mir ein Feinrippklopapier, betätige die Spülung, und ziehe mir meinen Seiteneingriff bis annähernd zum Nabel und gehe diese 50 Meter zu meinem Liegestuhl. Mein Feinripp-Sonnenschirm hält, was er verspricht, nicht so das Wasser hier am Gänsehäufel. Es ist sehr warm heuer, das Wasser. Am Gänsehäufel.

Zu warm.

DIE GESETZE DES WETTERS

Der Geschmack im Mund wird stündlich scheußlicher, und der Frühherbst zunehmend kühler.

Dean Martin hilft etwas gegen die zunehmende Stockung dieses Abends und der Weißwein ist einfach erbärmlich warm.

Den Satz, der da besagt, dass Wetter und Liebe die einzig beiden Dinge sind, die man nicht beeinflussen kann, den kann Mann schön finden, wenn Regengüsse, Sonnenschein, und Mädchen Schlange stehen. Wenn das nicht der Fall ist, kann man ihn nur zur Kenntnis nehmen.

Ja, ja, das Leben ist ein Ozean der Langweile, um nicht zu sagen: Fadesse, mit kleinen Inselchen der Ekstase, und mit den Jahren wird der Abstand zwischen den Inseln immer größer.

Den scheußlichen Geschmack im Mund kann man kurzweilig mit Colgate Antiplax-Spülung verspülen, und möglicherweise sollte ich einfach die zweite Flasche Weißwein auf Eis legen.

Dass mir niemand den Dean Martin abdreht!

"I vastehs jo aa, stöö da vua, du stehst Tog ei, Tog aus, fua zwa nockate Weiba, die di net lossn", sagte mein Nachbar, und ließ seinen Hengst kastrieren.

Wir gehen aus geiler Schlafnot in unchristlicher Früh ins Bad, holen uns einen runter, und putzen die Zähne, oder so. Jeder hat da seine individuelle Methode.

Oder man macht's wie Dean Martin und besauft sich einfach permanent, erinnert sich an Minnesota, und hat, so wie ich, den Weißen auf Eis gelegt.

Warum man immer glaubt, dass die anderen grad mehr erleben, wenn man selber grad nix erlebt ... hä, komisch. Und wenn ich mich auf den Kopf stell, und in die Luft scheiß, fällt der Haufen trotzdem auf den Boden.

Dass mir nur niemand den Dean Martin abdreht!

Ja, ja. Das Wetter und die Liebe ... beides hat man!

Soll ich schlafen gehen? Als ob Müdigkeit ein Grund wäre...

Ich kann nicht schlafen gehen, was soll ich dort? Ich kann umfallen, an Ort und Stelle. Was soll ich schlafen gehen!

Es gibt zwei Gründe, warum man ins Bett kriecht: stockbesoffen, oder verliebt. Das heißt, natürlich nur, wenn man auf Karriere keinerlei Wert legt.

Ja, ja, so ist das. Ich hab sie nie verstanden, und werde sie vermutlich auch nie verstehen. Ich mein die Gesetze, denen das Wetter folgt.

FRÜHSTÜCK BEI MIR

„Guten Tag Herr Baumann, ich darf sie begrüßen, grüß Gott!"

"Grüß Gott."

„Und ich darf sie bitten, nehma gleich Platz, die Zeit ist schon etwas knapp, wir sind gleich live."

„Vier, drei, zwo, eins – Sendung!"

„Ja guten Tag liebe Hörer und Hörerinnen, ich darf sie zu einer weiteren Ausgabe von "FRÜHSTÜCK BEI MIR" begrüßen. Vielen Dank, dass sie sich wieder zu so früher Stunde vor ihren Rundfunkgeräten eingefunden haben. Wir haben heute einen sehr interessanten Gast, wo ich mich besonders freue ihn begrüßen zu dürfen, vor allem, weil heute Abend in „Universum" auf ORF2 eine Reportage über ihn läuft, und wir uns schon vorab sozusagen, unterhalten dürfen: der Wüstendurchquerer, herzlich Willkommen, Bruno Baumann!"

"Ja, morgen! Sie ham des glei richtig erkannt, i hab a Wüste durchquert, die Gobi was is. Und i hab no a sehr tiafe Stimm, weil i bin grad erst aufgstanden, weils ja do no etwas früh is, und meine Stimm-

bandln san no etwas austrikkat, wö i bin ja erst gestan zruckkumman."

„Tatsächlich? Sie waren bis gestern in der Wüste!?"

„Ja, ja, die Gobi wos is..."

„Und da sind sie heute gleich im Radio, und am Abend in „Universum"?!"

"Ja,ja, da muaß ma glei anfangen min Business, sofuat aufsteh, Radio, TV, weil sunst beißen di die Hund. Haha! Und Wosser hab i ja jetzt a wieder gnua, nach der langen Zeit der Entbehrungen..."

„Da kann man dann auch wieder einen Schluck Bier so richtig schätzen ..."

"Ja was haßt Schluck ... haha..."

„Ja und wie lang waren sie denn in der Wüste? Wie lang hat diese Alleindurquerung gedauert?"

"Ja sie ham des ganz richtig erkannt, sie is sehr lang, die Gobi wos is. Na, i hab des ja a erst am Satelliten gsegn, wie lang die eigentlich is. Na, also wamma si des amoi büdlich vuastöt, so vom Satelliten is die do sehr lang von links noch rechts, und eher kurz von obn noch unt, oder vo unt nach obn, was i gangen bin, na."

„Aha, also die Wüste Gobi, was ist, ha, ist also eine eher breite und doch sehr schmale, langgezogene Wüste. Aber ich habe gemeint, wie lange sie denn für ihre Alleindurchquerung gebraucht haben? Wie viele Tage waren sie unterwegs?"

"Naja des kamma im Nachhinein schwer sagn, na, wö sie miassn si des so vuastön, na, Wüste Gobi, wos is, amoi höö, amoi finsta, da valiat ma scho amoi des Zeitgefühl, na. Austrikkat bist ano oes wia, da Dreck gröt da bis in die Gattehosn, wia ma so sogt, haha! Na, aber zu ihrer Frage: wie lang. Oiso wegganga bin i so Anfang Februar, na, und jetzt is so Anfang Ostern, oder? Hahaha na, Scherzchen, Scherzchen. Na ganz im Ernst, es war scho a Zeiterl."

„Aha. Und wie findet man sich zu Recht in der Wüste? Mit Kompass oder GPS?"

"Jo, oiso erste Devise is: imma grodaus, na, oba wann ollas gleich ausschaut, wast jo net wo... was... was is jetzt grodaus, na. Dann hob i mein Satelliten ogfrogt, min GPS wos_is, na, und des_hat ma dann die Richtung onzagt, oba weil ollas gleich ausschaut,_muaßt da halt dann an Anhaltspunkt suachn, denst da merkst.

Und a lustige Anekdote, an an Tog, i geh_so vua mi hi, hobi ma dacht: schaust eine wieda ins GPS, des zagt ma in Weg. I schau in die Richtung und siech am Horizont a Düne, die was ausschaut, wia a Duttl. Hhhhja, mitn Noppl und allas, na des merkst da_dann!"

„Na, das war ja schon eine wunderbare Überleitung, wir spielen jetzt ein bisserl Musik: "lovely desert", von Rod Steward. Wollns noch an Kaffee, Herr Baumann?"

"Na aber gerne!"

„So, des Lied is jetzt gleich aus, wir sin dann wieder live da, gell!?

"Vier, drei, zwo, eins - Sendung!"

„Ja, wir haben heute zu Gast den Alleinwüstendurchquerer Herrn Bruno Baumann, auch zu sehen heute Abend in ORF2, in der Reihe „Universum". Gestern Abend erst zurückgekehrt aus der Wüste Gobi, und meine Frage jetzt an sie, Herr Baumann: was geht einem da so durch den Kopf, wenn man so tagelang allein die Wüste durchquert?"

„Na auf da aan Seitn hat ma eben so sein Koarl mit si söba, wia scho gsagt mit dem Dünen-Duttl, wos woa, und auf da ondan Seitn dest di scho gfrein, wannst irgendwen sachast, und wanns a krokodü nur is, na, oba des geht jo ned, die tätn ja austrickan bei der Hitz. Und wannst denkst: a Krokodü braucht do imma a wossa a, na! Und so mocht ma si hoed so seine Gedanken a, na, und die sand hoed nimma jugendfrei, na, sie miassn vasteh, die Sun den ganzn Tag, na. A Spanier is a Schuibua dagegn."

„Also durchaus erotische Gefühle in der Wüste Gobi?"

„Na ja, die Fatamoagana die ganze Zeit, na, oiso amoe woa de Britne Spias do, oba des geht dann a net, wegn dem Sand überall. Des is dann a ned gmiadlich, na, und dann bist aba scho so austrickat von der ganzen Hitzn, und dann hab i ma docht, geh amoe no die Lizzi Engstler schaun im „WILLKOMMEN ÖSTERREICH" wos is, oba den hob i ned einekriagt min GPS, den ORF."

„Sagen sie, wie ist das mit dem Wasser. Davon braucht man ja sehr viel in der Wüste, oder?"

„Na ja, des is jo des. Jetzt muaß ma si des vuastön, du gehst von Wossaloch zu Wossaloch, wannst ans findst. Jetzt findst ans, dann muaßt da viazig Liter Wossa eilona. Dann schnoest da des am Bugl, Kamö host kans, wös jo a Alleindurchquerung is, na dann konnst da vuastön, wiast aus da Wäsch schaust."

„Sie sind aber zu guter Letzt noch wohl heil angekommen."

„Ja."

„Und jetzt geben sie glaub ich Diavorträge?"

„Ja."

„In ganz Österreich, wie ich dem Programm entnehmen kann. Übermorgen im Pustawirt in Waidhofen an der Ybbs, dann am Sonntag in Tschantschgraben in Tirol, und zu guter Letzt in der Mehrzweckhalle in Oberpullendorf im Burgenland. Jeweils 20 Uhr. Und wie gesagt, heute Abend in ORF2 in der Reihe „Universum", um 20 Uhr 15."

"Na vo irgendwas muaß ma lebn. I hätt a Installateur werdn känna, Wossa hätt i dann gnua. Hahaha!"

„Also Herr Baumann …"

"Sagns Bruno."

„Also Herr Bruno, ich bedanke mich herzlichst fürs Kommen, ich glaube wir hatten dadurch alle sehr tiefe Einblicke in die Strapazen, die so eine Wüstendurchquerung mit sich bringt ..."

"Danke auch!"

„Nächste Woche habe ich hier Franz Antel zu Gast, der gerade in Uganda die Dreharbeiten von „DER BOCKERER VII" abgeschlossen hat. Jetzt die Nachrichten, und drehen sie nächsten Freitag wieder auf, wenn es heißt: FRÜHSTÜCK BEI MIR! Gsund bleiben, ihre Claudia Stöckl."

FLIEGENINVASION

Das Bier ist gut kalt, mein Ofen verhält sich dazu äußerst diametral, und das ist gut so.

Ich bin etwas zittrig, weil mich mein Fernseher seit Stunden mit allerlei vorweihnachtlicher Folklore zuscheißt, und trinke ein Puntigammer, weil die Weihnachtszeit so lustig ist. Und um mich etwas zu beruhigen. Und das ist gar nicht so einfach, weil heute ist der 21. Dezember, und am 21. Dezember sind wie aus dem Nichts, nicht die heiligen drei Könige aus dem Morgenland bei mir hereingeschneit, sondern gezählte siebenundzwanzig riesige Fleischfliegen. Grün schillernd, wie es sich für Fleischfliegen gehört, bevölkern sie recht trunken, meine Plafonds und Wände. Einige bilden sich sogar ein, diverses leuchtendes Lampenwerk umrunden zu müssen, und ich frage mich recht gewöhnlich, wo die denn herkommen. Jetzt gehört

ja der Dezember nicht unbedingt zu den Monaten im Jahreskreis, in denen man mit gehörigen Insektenanschwärmungen zu rechnen hat. Auch ist mir das alles unverständlich, weil diese Tierchen normalerweise in vermoderndem Fleisch heranwachsen, meine Raumluft aber keinerlei Anzeichen auf derartige Unhygiene zulässt, und als Kleinsthausbesitzer am Land muss man schon immer mit offener Nase durch labyrinthartige Flure, weitläufige Kaminzimmer und sonstige Gemächer schlurfen, um etwaige tote Nager ausfindig zu machen. Diese Tiere sterben manchmal irgendwo, die scheren sich nix um Totenruhe. Wenn man da ein Gemach im Ostflügel zwei Wochen nicht betreten hat, kann es einem schon passieren, dass da so ein ausgesafteltes Tier am alten Brokattischtuch liegen bleibt. Hab ich alles erlebt!

Nirgends roch es nach Aas. Und Aas riecht man leicht, weil Aas nämlich nach verdorbenem, äußerst verdorbenem gezuckertem Fisch riecht, diese süßliche Note ist unüberriechbar!

Und ich kenn mich da aus. Bin ich doch seit mehr als zehn Jahren Landbewohner und hatte einmal dreißig Hühner und einen Hahn. Hatte! Ich weiß, wie das riecht! Seither hab ich eine Eierphobie. Ich weiß, es ist nicht logisch, ist aber so.

Morgen ist der 22. Dezember. Dieser 22. Dezember wurde von kalifornischen Friedensmenschen, die nichts von meiner Riesenfliegen-Invasion wissen, zum Weltorgasmustag für den Frieden auserkoren. Ein Orgasmus für den Frieden also. Zählt da auch ein Sadomaso-Orgasmus? Na, egal. Soweit darf ich es nicht kommen lassen, will ich doch alles andere, als dass diese Riesenfliegen beginnen, wild ineinander zu ejakulieren. So habe ich mich also entschlossen, mit äußerster Brutalität vorzugehen, habe einen profanen Schlachtplan ausgeheckt, und erschlage sie. Alle nacheinander. Jetzt hab ich aber die Fliegenklatsche vom August nicht mehr gefunden, so nehm ich also das Buch, das da neben mir liegt zur Hand, fuchtle erst etwas unbeholfen, doch dann: die Erste tot!

Eine äußerst ungustiöse Prozedur, zugegeben. Haben diese Riesenviecher doch gehörig mehr Körpersäfte als die gemeine Stubenfliege, aber soll ich auf den Weltorgasmustag warten?

Das Buch heißt: „TAROT, Spiegel deiner Seele", und hat mir unter Inanspruchnahme der Kabbala vorgestern verraten, dass 2007 das Jahr der Lust mir ins Hause steht. Heuer hab ich noch Glück, also DAS Glück. Und den Orgasmus morgen kann man sich ja auch selber basteln, wenn's nicht anders geht.

Mir als Buddhist droht es zwar jetzt, im nächsten Leben als grün schillernde Fleischfliege wiedergeboren zu werden, aber was soll ich denn machen? Den Rucksack packen und nach Australien trampen, während die Hausherrschaft fette Fliegen übernehmen, es bevölkern, übervölkern, bis es schließlich von vermummten Illuminaten der Gemeinde mit Insektenvertilgungsmittel übergossen wird?

Scheiße. Dabei wollt ich ja im nächsten Leben als Mädchen wiedergeboren werden. Ja, da hat man keine Erektionsprobleme, und die Haut ist knuffig. Als Mädchen.

So. Das Bier schmeckt schal. Jetzt muss der Martini dran glauben.

Ja Wiedergeburt. Christina Stürmer wäre nicht schlecht. Dann könnt ich der Welt beweisen, dass man sich die Augenbrauen auch etwas unauffälliger rupfen kann.

Ja, so ist das.

Meine für Mathematik und Fatalismus zuständigen Gehirnhälften (endlich verbinden sich die beiden mal!) verraten mir, dass das Fliegenproblem bis auf zwei, drei ganz schlaue, morgen beseitigt sein wird. Gerd Ziegler, der Autor zahlreicher TAROT-Bücher erklärt mir, dass Buddhisten bezüglich Wiedergeburt nicht immer recht haben. Ich freu mich schon auf Christl, kratze mich voller Vorfreude im Schritt, und sage es mit Hademar Bankhofer: „Probieren sie‘s doch einfach einmal aus!“

JEAN CLAUDE VAN DAMME

Es ist jetzt ein Uhr fünfundvierzig, und Simone singt und beteuert gerade: „ich such die wahahahre Liebe…"

Aber Gottlob gibt es ja noch den Jazzsender.

Nicht so allerdings im TV. Hier schurkt sich der gute Jean Claude van Damme durch siamesische oder sonstige überaus gefährliche Urwälder. Er wirft seinen durch Muskeln beleibten Oberkörper rücklings gegen eine mir suspekte Holzwand, etwas rustikal in ihrer Art, und kann sich nun für ein kleines Verschnaufen in Sicherheit wiegen. Man kann ihn nun dabei beobachten, wie er sich zwei wüste Knarren in den Hosenbund schiebt, ich stecke mein Telefonbuch in die rechte hintere Hosentasche. Weiters schiebt er sich eine profane Fünfundvierziger in das Halfter, man weiß ja nie. Ich verstaue meine Taschenuhr im linken Hosensack. In die grün gefleckte Weste schiebt Jean Claude nun noch einige Handgranaten. Beinah hätt ich einige Paar Socken vergessen, ich pack sie in den Rucksack. Van Damme wirft sich mittels einer Seitenrolle ans andere Ende der Hütte, um sich eines Raketenwerfers zu bemächtigen, während ich in die Küche gehe und auf einen Merkzettel für morgen früh schreibe: „Brot einpacken." Ich nehme es mit. Es würde sonst hart werden. Jean Claude wirft sich mittels einer Rückwärtsrolle hinaus in die grüne Hölle des Dschungels, und ich begebe mich etwas torkelnd zu den Reglern des Radios, um einen passablen Sender zu suchen. Oh Gott ... die beiden sauberen Unterhosen hab ich vergessen einzupacken, verdammt. Hätte mich das Leben kosten können, jenes, das keinen Pfifferling mehr wert ist. Ich fahre nach Wien. Jean Claude zieht in seinen persönlichen Krieg, das muss er sich selber ausmachen, hat er verlautbart.

Und dass das ab nun seine persönliche Angelegenheit sei. Ich setze mich in einen Bus von Dr. Richard. Vier Stunden wird es dauern, bis ich in Wien bin.

Nach cirka zwanzig Minuten bemerke ich einen Mann hinter mir sitzen, mit extrem angespannten Mundwinkeln. Trotz Aufforderung des Buschauffeurs, die großen Gepäckstücke in das dafür vorgesehene, nur von außen zugängliche, große Fach zu legen, hat er die Adidas-Tasche am Nebensitz abgestellt. Ich hab natürlich sofort gewusst, was hier gespielt wird, Jean Claude erkenn ich an seinem Blick. Der viel zu vertrauensselig für den restlichen Körper ist. Und in der Adidas-Tasche war selbstverständlich der Raketenwerfer.

Ich hab mich mit ihm dann über die Rechtschreibreform unterhalten, ich wollte seine Tarnung schließlich nicht auffliegen lassen. Er ist dann in Gramatneusiedl ausgestiegen, und ich hab mir gedacht: „Mein Gott, dort wird sicherlich gleich die Hölle los sein."

Trotzdem aber war ich sehr ruhig und beherrscht, hatte ich doch zwei sehr saubere Unterhosen im Gepäck!

Ich wusste auch, würde ich davon erzählen, es würde mir keiner glauben, es war schließlich eine Sache höchster Priorität. Ja, das weiß ich, weil ich nämlich die Fernauskunft angerufen, und nach der Nummer von Jean Claude van Damme gefragt hab, und jenes Fräulein mir verlautbart hat, dass sie mir diese Nummer nicht geben könne, weil der nämlich gerade in einer Sache höchster Priorität unterwegs sei, und das unterliegt höchster Geheimhaltung, und sie fürchte um ihren Job, und so weiter und so weiter, wir kennen das ja alle. Weil ich weiß, dass man Informationen nur unter Einfluss von Sex herauslocken kann, hab ich mich dann mit ihr verabredet, einen Orgasmus vorgetäuscht, und sie stöhnte währenddessen etwas von Gramatneusiedl und Handgranaten und einer persönlichen, offenen Rechnung. Verdammt, das wusste ich alles schon aus diesem gottverdammten Film im Fernsehen.

Ich hab daraufhin meine Untergrund-Connections in Wien spielen lassen, und für ein paar lumpige Dollars erfahren, dass es sich hier um eine Story handle, dass Jean Claude nur einem sehr furchtbaren Drehbuchautor auf den Leim gegangen war, dem er jetzt eine Kugel in den Kopf jagen will. Und ich hab schon geglaubt, er müsse die Welt retten, so was mit Aliens oder nuklearen Gefahren und so.

Und für weitere lumpige 100 Dollar hab ich dann auch noch erfahren, dass Jean Claude anschließend seine Mutter besuchen will, weil die nämlich aus unerklärlichen Gründen in Gramatneusiedl wohnt, und seit Jahren keine Donuts mehr gegessen hat, und ihr lieber Sohn ihr doch welche mitbringen sollte. Ich hab mir doch gleich gedacht, dass hinter dieser mörderisch tollen Brust noch was anderes steckt als Handgranaten.

Ich bin dann zufrieden in mein dreckiges Wiener Büro gewandert, mit dieser obligaten Milchglasscheibentür, hab meiner Sekretärin die Zunge in den Hals gesteckt, und sie hatte seit Langem, nämlich seit gestern, wieder mal die Möglichkeit, einen ordentlichen Orgasmus vorzutäuschen.

Jean Claude ist ausgebucht. Heute Vormittag warf er sich in den Kern eines Wirbelsturmes der Mr. Präsident bedrohte, mit 200 Pfund Dynamit an den Eiern, und des Abends rettete er irgendeine Welt, nicht unsere hier, nein, irgendeine da draußen. Und als gebürtiger Belgier - glaub ich - muss ich sagen: „Ich bin stolz auf unsren Jean Claude!"

Van Damme! Der ist ja nicht unsympathisch halsaufwärts.

Na ja. Ich stecke mir also im Billa, nach der Kasse, die Kiwi in das Halfter, und denke mir: „Mein Gott war diese Kassiererin süß, wie gern würde ich das Silikon bezahlen, das sie braucht." Aber nichtsdestotrotz erschieß ich zwei blutjunge Barkeeper, sie waren nicht mal die Kugeln wert.

Und euch sag ich:
have a nice day...
...Vienna ...
... good night ...

MICHAELA

Michaela rückt den Aschenbecher etwas näher zu sich, ich beobachte Michaela liebend gerne dabei.

Michaela braucht zum Frühstück holen im Supermarkt mindestens eine geschlagene Stunde. Gerade erst der Bettwärme entstiegen, steht sie hinter den Wagen gespannt, verdutzt zwischen gelbgrün verpackten Nudeln mit „extra Ei" und diversem Sugomatsch. Neben Hundebelohnungshäppchen, Zahnseide mit Eukalyptusöl und dem groß beworbenen Wochenschlager. Das sind diesmal fünf steinharte Kiwis um fünf Schilling. Da kann man das Vitamin C richtig schmecken, so sauer sind die.

Michaela steht dann mit etwas verdrückten Haaren vor der Frischeabteilung und will etwas Schinken kaufen. Sie kauft dann auch etwas Schinken.

Michaela hat noch gemütlichen Schlaf in den Augen. Michaela kauft dann ein Säckchen aus Zellophan, gefüllt mit fünf daumennagelgroßen Gelatinekugeln, in die ein Öl gefüllt ist. Diese wirft sie später in ihr Badewasser, um ihnen beim Auflösen zuzusehen. Manchmal lädt sie mich dazu ein.

Jetzt steht Michaela vor dem schwer gefüllten Regal mit den Schnäpsen. Zehn Minuten überlegt sie verschlafen. Sie entscheidet sich schließlich für eine Flasche Whisky, einen gar köstlichen Pastis und Martini extra-dry.

Kaffeeobers, ein halber Laib Brot und von dem Schnäppchenregal an der Kassa ein um 50 % verbilligtes "fisherman's friend". Ein "fisherman's friend" im richtigen Moment, kann die Karriere retten.

In meiner uralten Ölarbeiterlederjacke überquert Michaela einige Bohrinseln und freut sich über den Müll, der windstill über den Straßen von Wien liegt.

Michaela hat Nasenlöcher in der Form von schönen ausgewachsenen Bohnen. Es ist Samstag, fünf Uhr nachmittags, und Michaela schlumpft schlaftrunken heimwärts, mit einer gewissen Vorfreude über das Pfirsich-Orangen-Jogurt im Billa-Sackerl. Wenn man ihr, ebenfalls schlaftrunken in diesem Moment begegnen sollte, könnte man diese Vorfreude auf das Pfirsich-Orangen-Jogurt in ihren Augen unschwer erkennen.

Ein paar Sekunden, bevor Michaela das Haustor erreicht, kramt sie in ihrer großen Hosentasche den Schlüsselbund hervor, und das alles mit einer morgendlichen Gemächlichkeit, dass ich vor Freude schreien könnte.

Es folgt ein Frühstück mit Michaela und mir. Wochenenden bemerke ich immer daran, dass es etwas stiller auf den Straßen ist. Und Michaela bemerkt sie am Frühling vor dem offenen Frühstücksfenster, so ergänzen wir uns durchaus.

Michaela hatte irgendwann die verrückte Idee, den Boden ihrer überschaubaren Wohnung zu asphaltieren.

Ein Sofa steht am Asphalt, ein Bett auch, und ein Herd.

Es ist herrlich, im Sommer den kühlen Asphalt unter den nackten Fußsohlen zu spüren.

Michaela und ihre asphaltierte Wohnung.

In der Küche steht ein alter abgeschabter Holztisch. Jedes Glas Rotwein hinterlässt einen bleibenden Rand. Archäologen könnten anhand dieser Ränder sein Alter zählen. Und unsere Gewohnheiten.

Im Zimmer, zwischen Bett und Sofa, durchbricht ein Baumstamm den Asphalt und rekelt sich mit einer Vergabelung in den Plafond. Manchmal kann man Michaela dort oben bei dieser Gabelung sitzen sehen. Michaela erfreut sich dort hin und wieder an dieser seltenen Perspektive.

Michaela sagt: „Es kommt nicht auf die Farbe der Augen an, es kommt darauf an, wie die umliegenden Lider diese preisgeben."

Des Abends kann man Michaela manchmal eine Flasche guten Whisky entkorken sehen. Und wenn der Jazz dann noch einen Dreivierteltakt äußert, wirst du diesen Abend nie mehr vergessen. Aber das "nicht vergessen" hat hier keine Priorität in dieser kleinen asphaltierten Wohnung.

... und ich hab immer geglaubt, ich steh auf Holzfußböden...

Michaela hat den Sugomatsch nicht gekauft. Wir lassen steinharte Kiwis über den Asphalt rollen und stellen fest, dass eines von diesen kleinen, behaarten braunen Dingern etwas rechtslastig rollt.

Manchmal hat Michaela einen Grinser, der bis zu beiden Ohren geht. Mit einer völlig durchweichten Sonntagskrone sitzen wir jetzt in Michaelas kleinen Badewanne und haben zuvor dieses Zellophan-Säckchen mit den Gelatinekugeln zu uns hereingeworfen.

Jetzt riecht es verdammt nach Kokos und Sommer.

Beim Einbau dieser kleinen Wanne hat Michaela sehr darauf geachtet, dass wir heute eine Art Sims vorfinden können, auf dem unser Pastis, ein Krug Wasser und zwei, dem Pastis geziemende Gläser abgestellt sind. Michaela bewirft mich mit einer tropfnassen „Gerti Senger“, während ich „Staberl“ ertränke, und sie, etwas spastisch vor Lachen versucht, mir das "Stargeflüster" in die Ohren zu stopfen.

Ein rotes Sofa trocknet im Frühsommer recht bald wieder. Michaela rückt den Aschenbecher etwas näher zu sich, das ist beim Anbauen von Vorteil.

Auf Michaelas Sofa ist es etwas nass inzwischen. Auf ihrem Bauch steht ein kleiner Tropfen Badewasser.

Michaela grinst zufrieden.

Michaela hat himmlische Lippen.

Michaela hat ein riesengroßes Bett. Und das Sofa ist morgen sicher wieder trocken.

Ich weiß ja nicht, wie's euch geht, aber ich hab mich während der letzten Seiten ein klein wenig furchtbar in Michaela verliebt.

Michaela grinst bis über beide Ohren und zieht uns die Decke über den Kopf …

KÜRBISKERNDESASTER

Steiermarkwochen in "Frisch gekocht ist halb gewonnen", ORF 2, gegen 13 Uhr.

Ein einziges Kürbiskerndesaster, mit Schilcher unterspült.

Desaströse Kürbiskernkroketten an Schilcherschaum. Oder Schilcherknödel an Kernöl-Sorbet. Kürbiskernbrot, Kürbiskernnockerl oder -nudeln, Knabberkerne. Ich glaub, es gibt keine einzige Abzweigung auf steirischen Straßen, wo kein Hinweispfeil mit den Worten "Knabberkerne" oder "Kernöl" steht. Kalt gepresst!

Natürlich kalt gepresst, weil man muss das Zeug nämlich vorher rösten, damit sich das Öl vom Festkörper trennt, aber das weiß keiner. Also heiß geröstet und kalt gepresst. Wegen der Vitamine. Kürbiskern-Entenlebermousse, Kürbiskern-Mastkalbbraten, steirisches Kürbiskern-Gröstl oder original steirischer Parma-Schinken in Kürbiskernkruste. Von mir aus sollen sie es trinken, das Kernöl, was sie angeblich eh tun, und mich im böhmischen Kraut lassen mit diesem fast schon bedrohlichen Hype! Und hoch darüber schwebt Frau Landeshauptmann Herr Waltraud Klasnic und segnet und weiht alles, bis weit über die steirischen Grenzen hinaus, mit ihrem steirischen schwarzgrünen

Gold, in essbarer Unterwäsche aus Kernölpresskuchen. Kalt gepresste Körbchengrößen an Schilcher-Sahneschaum.

Ein richtiger Geschmacksbalsam war es da, der Eröffnungsfeier des „Steiermark-Falters" beizuwohnen, ohne eines einzigen Kürbiskerns ansichtig zu werden. Die Landeshauptfrau Herr Waltraud Klasnic hielt eine unansehnliche, aber kurze Festrede, und Armin Thurnherr folgte seinerseits mit den beginnenden Worten, dass es auch eine Dolmin der Woche geben kann, und gut geschultes Catering Personal servierte unentwegt kleine Gourmet-Häppchen, Thunfisch-Schaum an künstlerisch gebogenem Silberlöffel, böhmisch-warmes Sauerkraut an Bauernschmaus auf Desserttellerchen, und meine Präferenz, in einem Segafredo Mokkaschälchen, wurde um einen Kern gewickelter Rohschinken serviert, der in einem dezent gehaltenen Krenwurzen-Schaum steckte. Stehtischchenanwesende vermuteten blindlings einen Kürbiskern als Kern der Umwicklung, welchen meine Begleiterin aber sofort und empirisch als Pinienkern enttarnte, und die Mädchen des Caterings schlupften gekonnt mit Tabletts durch die Menge, um ungefragt Gläser nachzufüllen, mit Weinen jeder Couleur. Und was mich dann endgültig beruhigt und wohlwollend gemacht hat: ohne Schilcher!

Hinter der etwa hundert Menschen entfernten Theke, an der es auch gekühltes Bier aus Göss gab, dem ich aber nicht frönte, - gab es doch derart jungfräulichen Wein und keinen Schilcher, - (ja ... nicht, dass die Veranstalter dann sagen: „Die Leute haben nur deshalb Bier getrunken, weil kein Schilcher da war",... da muss man schon einen klar-analytischen Blick bewahren) hinter dieser weit entfernten Theke jedenfalls, lagen stangenweise Zigaretten herum. Und ich hab mich irgendwie nicht getraut zu fragen, ob die genauso gratis sind wie alles andere ... dieses elende und überflüssige Schamgefühl eben, dass uns ja bei Gott nicht nur an der Theke der Steiermark-Falter-Eröffnungsfeier trifft, hätte ich doch einfach ein Päckchen ordern können, und hätt der Keeper was verlangt, dann hätt ich's halt bezahlt, und erst jetzt, drei Tage später, realisiere ich, dass der gar keinen Gürtel mit dieser fetten Wechselgeldtasche umhatte. Wie auch immer, ich hab mich nicht getraut, hatte fatal wenig Geld ... mit ... und außerdem vier Päckchen Gauloises aus Usbekistan in meiner Taschentrafik.

Aber wenn ich es mich getraut hätte, dann würde ich es jetzt empirisch wissen.

... und das juckt mich jetzt doch ein wenig ...

Aber was soll's. Ich freue mich, dass es jetzt einen Steiermark-Falter gibt, ich freue mich, dass nach der kurzen Ansprache von Herrn Landeshauptmann Frau Waltraud Klasnic der Applaus sehr verhalten war, ich freue mich, dass kein Kürbiskern mir weit und breit ansichtig wurde, und ich freue mich für die Dekorateure, die von der Aufgabe verschont wurden, einen zwei Meter großen Kürbiskern zu basteln, der dann im Grazer "Dom im Berg" sechs Meter über den Besuchern hängt, im thermischen Aufwind der anwesenden Menge leicht wippend, ja, normalerweise wäre Showbiz dazu imstande, dem Showbiz wäre nichts zu peinlich.

Kurz und gut, was ist los mit der Steiermark? Totrenovierte Kellerstöckln mit Elektroeinbauherd und integrierter Schlafgalerie, Wanderweg "Römergrab", Schilcherdekadenz und Kürbiskernmästung.

Ich wohne im Südburgenland und habe eine steirische Postleitzahl.

Steinpilzragout an Kürbiskernen ...

KRAUT UND RUAM

Kraut und Ruam hamma da.
Frisch vom Föd, Kraut und Ruam.
Und an Wolf Martin hamma da.
Dichand, Kraut und Ruam.
Und an Lesabriaf im Angebot.
Allas frisch vom Föd.
Und Kraut und Ruam.

Und an Bischof hamma da,
Kraut und Ruam.
Und a Prostata. Im Angebot.
Kraut und Ruam.

An alten Patanosta,
hätt ma heut im Angebot,
ganz ungeniert.
Wer damit heute obefoat,
is schnölla unt.
Im Zweifelsfall auch unberührt.

Und an Lesabriaf im Angebot.
Allas frisch vom Föd.

Mei Oma Mitzi, Gott hab's sölich,
a Szegedina Krautfleisch,
fast direkt vom Föd.

A letztes Wuat nua.
Kraut und Ruam.
Fia mei alte Oma Knisatschek.
Untad Ruam.
A Leserbriaf im Angebot.

Die alte Knisatschek, und ihre Buam.
Da Konraz Heinz, direkt vom Föd.
Is a scho gstuam.
Direkt am Föd.

Und von was lebt die Marga Svoboda.
Allaa am Föd.
Du liabe alte Knisatschek.
Kraut und Ruam.
Da Leichenschmaus beim dritten Tor.
Kraut und Ruam

Und an neichn Patanosta,
hat da Herrgott heit im Angebot.
Ganz ungeniert.
Und wer damit heute auffefoat,
Kraut und Ruam.

Du hast des scheißlichste Letscho kocht,
Kraut und Ruam.
A Weanarin kummt imma in Himmel.
Und irgendwann kumm i da noch,
heit oda muagn.
Kraut und Ruam.

Knisatschek – Deutsch/Deutsch – Knisatschek

Ruam = Rüben
Föd = Feld
hamma = haben wir
Lesabriaf = Leserbrief
Patanosta = alter Aufzug
obefoat = hinunterfährt
schnölla = schneller
sölich = seelig
Szegedina Krautfleisch = Hauptgericht mit Kraut und Fleisch
Wuat = Wort
untad Ruam = unter den Rüben
Buam = Buben
neichn = neuen
heit = heute
auffefoat = hinauffährt
scheißlichste = scheußlichste

Letscho = Beilage aus Paprika und Tomaten
Weanarin = Wienerin
heit oda muagn = heute oder morgen

PARANÜSSE

"Lustig, lustig, trallallallala, bald ist Nikolaus Abend da, bald ist Nikolaus Abend da." Das war so die Grundstimmung damals, in diesem dunklen und überspäteten Herbst. Viel mehr sonst war da auch nicht. Die Sängerknaben begannen sich auf ihr astreines Gekrächze für Weihnachten einzustimmen, und meine Religionslehrerin Ruth zündete die erste Opium-Duftkerze an ihrem Adventkranz an.

Dass so Opium riecht, glaubt man auch nur als Religionslehrerin.

Die Paranüsse waren seit Wochen vergriffen aber Aschanti gab es zum Schweinefüttern. Zu diesem Zwecke sind sie ja auch ursprünglich gezüchtet worden. Ich war 12, und war verliebt, in Trixi.

Trixi schaukelte auf der Schaukel und ihr, unter der Thermohose verborgener Pudel, lachte mich verheißungsvoll und lüstern an. Trixi hatte daheim ein Aquarium und wollte mit mir Doktor spielen. Ich hatte daheim einen Cockerspaniel, und Angst vor einem Kunstfehler...

den hab ich heute noch.

"Lustig, lustig, trallallallala, bald ist Nikolaus Abend

da, bald ist Nikolaus Abend da."

Zwanzig Jahre später, schon wieder so ein überspäteter Herbst.

"Die Paranüsse san leider vergriffen, aber Aschanti hätt ma im Angebot."

Der Greißlerladen war klein, aber gut sortiert, neben mir stand eine ... hm – Dame früheren Jahrgangs mit einer Fuchsfellpraline am Kopf, dem Ergebnis vollendetster Confiserie – Kunst. Nur zu gerne hätt ich ihr eine Piemont-Kirsche auf den Hut gelegt und Cognac darüber gegossen. Nicht um sie zu brüskieren, nein, nur um zu sehen, wie sie reagiert.

Ich hab mir dann eine falsche Gänseleberpastete gekauft, zwei Semmeln und fünfzehn Deka Pfirsichmarmelade aus Mioo … mior … mi … mi … na aus Sizilien eben.

Daheim hab ich mir das alles in die Semmel geschmiert, „Kind ins dunkel“ aufgedreht, ORF 1, Rapp und Rupp und Roger Whittaker. Der kann pfeifen wie ein Lärcherl.

Eine halbe Semmel später: Karel Gott und Dingsbumsmädel: "Fang das Liiiicht, halt es feest, dass das da da da da da da nicht verläääässt".

Martina Rupp hat es geschluckt, und der Rapp ist schon zu lange dabei. Nach dreihundertmal „Brieflosshow“ kann einen nichts mehr erschrecken.

"Lustig, lustig, trallallalala..."

Die Sängerknaben haben sich inzwischen eingesungen.

„Na, Schafkoteletts san leider aus, kann i aba bestellen ... a Schweinsnussal hätt man no da ..."

Langsam fühl ich mich verfolgt von dieser Fuchs-Confiserie.

Ich hab dann einen Neuseeland-Yak bestellt, ja, einen Ganzen.

Herr Ferdinand, der Greißler, hat erst sehr dumm geschaut, dann seinen Taschenrechner gezogen, - ein ganzer Yak - seine Augen begannen zu leuchten, Frau Fuchs-Confiserie fühlte sich vernachlässigt und ging, und Herr Ferdinand wühlte in den gelben Seiten. Der Yak wird am 22. Dezember eingeflogen, wenn ich da nicht kann, muss ich in Zukunft beim Interspar gegenüber einkaufen.

Die Feiertage vergingen, mit Rapp und Rupp, wie im Flug, beim Greißler ließ ich mich nie mehr blicken.

Nur am 5. Jänner. Da kaufte ich mir in einem Hutgeschäft in der Tivoligasse eine Perücke. Ich hab auch keine Ansprüche gestellt, und mir das billigste Modell im Angebot genommen. Ich frag mich ja schon seit Jahrzehnten, wovon Hutgeschäfte eigentlich leben.

Vor vierzehn Jahren ist wieder eins eingegangen,

ja, in der Ameisgasse, nahe der Ameisbrücke, in Wien.

HUT UND PERÜCKEN, und ich wurde gut beraten.

Mit Ponnystirnfransen und einer Knackmatte, die sich gewaschen hat, betrete ich unkenntlich gemacht meine Greißlerei.

"Na, Farmer Schinken hamma leider kan mehr, aber wir hätten an Yak im Angebot." „Ich hätt gern den Kopf."

"Sehrwohl, sehrgleich, den Kopf... soll ich ihnen den einpacken, oder essen sie ihn gleich?"

„Na, bitte einpacken."

Hat er mich doch tatsächlich nicht erkannt, in meiner Britney Spears Perücke und dem Magnum Schnurrbart. Hatte er mich doch tatsächlich, nicht erkannt.

Ich kaufte also diesen Yak-Kopf, um 30 Prozent verbilligt, hab ihn mir einpacken lassen, und ging heim.

"Ihr Kinderlein kommet, oh kommet doch all", die Sängerknaben waren perfekt eingesungen, und Dieter Chmelar leistete sich nicht auch nur den kleinsten Versprecher.

Mein Backrohr, auf 240 Grad vorgeheizt, nehme den schönen pelzigen Kopf, drapiere ihn mit einer echten Piemontkirsche, gieße etwas Wodka darüber, ja Wodka, weil Cognac war gerade keiner mehr im

Haus, schob das ganze ins Rohr, rief die Feuerwehr und setzte mich in den O-Wagen Richtung Südbahnhof.

Der nächste Zug ging nur bis Wiener-Neustadt.

So saß ich dann also am Bahnhof in Wiener Neustadt, Cola aus der Dose, und statt den Sängerknaben war es hier Chris Lohner: "Achtung, Achtung, der Reisezug "Peter Rossegger" mit Endbahnhof Barcelona, fährt Bahnsteig zwei ein. Bitte zurücktreten,

die Türen schließen automatisch.“

Mir ist diese blöde Chris Lohner noch allemal lieber wie diese blöden Rapp und Rupp.

Ich steig ein ...

Die Klimaanlage ist kaputt, es hat nahezu 40 Grad, so sitz ich hier und warte auf das Bordservice ... Endlich ein Bier ...

Bis Barcelona sind es immerhin 38 Stunden.

Während ich schlafe und der Zug dieses angenehme Geräusch macht, dadufff, daduff, daduff, träume ich von Trixi und ihrem Pudel, von Thermohosen, von dem Herrn Ferdinand ... der isst seit drei Wochen Yak-Fleisch. Und kein Ende ist abzusehen, und an seiner Theke steht Miss Confiserie, und bearbeitet ihn bis ins Grab.

Denn unser Herr Ferdinand wäre normalerweise nicht so freundlich ...

Normalerweise wüsste Herr Ferdinand ganz grausliche Worte. Aber vielleicht kauft er sich ja einmal ein Flanellhemd und fliegt nach Kanada.

Wer weiß das schon, und ich sitz hier bei meiner elenden Schüssel Aschanti. Weil die Paranüsse sind auch in Barcelona schon seit Langem ausverkauft ...

SEMMERING

So fahr ich also dahin. Lotte, Lidl und Lumpazi Vagabundus lass ich hinter mir, ich fahr dahin auf den kaiserlichen Schienen der ÖBB, sie knastern und zischeln, ich fahr weg von Wien.

Peter Rossegger wäre eine arme Sau, wäre er am Semmering groß gewachsen, denke ich, während depressive Kellner den kaiserlichen Filz oder Samt von den kaiserlichen Speisewagenwänden kratzen.

So bestelle ich mir also ein Stifterl beim "Bordservice", und schaue verträumt aus dem Fenster, während mich die gute alte Siemens-Lock über den Semmering kutschiert.

Reisen über den Semmering sind interessant! Eine wahre Fundgrube für Ethnologen - wie gesagt, Rossegger wäre verzweifelt, ja, möglicherweise auch Adalbert Stifter, ja, unter Umständen ...

Der mobile Bordkellner kredenzt mir das bestellte Stifterl, will fast drei Euro, also umgerechnet ... äh ... und serviert mir dazu eine Serviette, als wär das das Normalste auf der Welt.

Ich ärgere mich ja jedes Mal, wenn ich den Wein ohne Serviette serviert bekomme, habe aber zu wenig

Zeit, um diesem Gedanken länger nachzuhängen, denn wir stehen an einer Station, an der man bekanntlich die Toiletten nicht benützen darf, und sehe: ein Hotel „POST“.

Na klar, das hat ja alles seinen Ursprung. Schließlich nennt niemand heutzutage sein Hotel einfach "Hotel Post". Das hat ja also alles seinen Ursprung, seine geschichtliche Verankerung, unwiderruflich mit der Entstehungsgeschichte der Menschheit verwoben, ja, geradezu evolutionär also, und genau von hier hätte Peter Rossegger sein Brot gekauft, hätte er am Semmering gewohnt. Und hätte er am Semmering gewohnt, dann hätte er auch eben hier die Watschen von seiner Mutter bekommen, weil er Glut für den Ofen, und nicht Brot holen sollte, aber unser kleiner Rossegger vergaß immer so leicht, was weniger an den damals üblichen „Mohnzuzeln“ und Bettladen lag, sondern eher an Adalbert Stifter und dem Almrausch, Enzian und Buschwindröschen.

Wie gesagt also, „Hotel Post“, oder "Zur Post". Beim „Hotel ZUR Post“, ist zwar der Skipass schon dabei, intelligente Euro Rechner werden aber trotzdem eine eklatante Furche aufklammen sehen, wie gesagt also, wir waren damals eingemietet im "Gasthof zur Post" - was red ich hier überhaupt - ich sitz also im Zug, der steht in der Station, und draußen steht ein „Hotel Post". Hier war es also, wo die Kutschen ihre Pferde tauschten, hier, erschöpft vom Aufstieg und vom Semmering überhaupt, hier war es also! Hier war es, wo die Postkutschenkutscher Brei mit Bohnen aßen, heimelig in der Küche am Herd, schon lange von zu Hause weg, von Frau und Kind, in der Köchin oder in der Wirtsstube später ein Glas Rotwein, dann aber wieder rein in den nebeldurchnässten Lederumhang, rauf auf den Kutschbock, eventuell fehlende Fahrgäste aus den Mösen pfeifen, und weiter geht's, durch Gefahr und Nebel, Steinschlag und Syphilis, Hirschgebell und Mördersbrunst.

Als wär es Diesel ächzt mein Zug, und setzt sich langsam in Bewegung. Immer bergaufwärts zum nächsten Tunnel. Irgendwo wird er schon sein. Aber keine fünfhundert Meter weiter, nach unzähligen, in die Landschaft geschissenen Sechzigerjahre - Ferienhäuschen: schon wieder ein „Hotel Post".

Jetzt erst wird mir klar, wie unwegsam damals das Gebirge, und wie schnell ein Gaul am Laufe lahmt, also wieder rein, neues Pferd, neuer Rum, neuer Herd, Köchinnen sehen alle gleich aus, und wenn nicht, ist eine süßer wie die andere, schwerer Roter in der Wirtsstube, damals gabs nur sehr schweren Roten, Glas und Emailhäferl waren noch nicht erfunden, seinem

Fahrgast muss der Postmann zweimal aus der Möse pfeifen, was nach nur fünfhundert Meter mehr als verständlich ist, nimmt brav die Last des ledernen Umhanges, nimmt den Kutschbock wie John Wayne, und fährt allein durch nächtlichen Nebel, links bergab und rechts bergauf.

Aber nie konnte man sich sicher sein, über die Qualität der Gäule von der letzten Poststation. Umdrehen und ihm die Eier abreißen will man bei dieser Kälte schließlich auch nicht, also hält mein Zug neuerlich. Ich nehme einen Schluck vom Stifterl, immerhin Plastikbecher mit Stiel auf ruckelnden Geleisen, vermutlich deshalb die Serviette ...

Ich war zu diesem Zeitpunkt, das muss ich gestehen, schon etwas, wie sagt man, ... äh ... betrunken. Ja ... zuerst eine Stunde Wartezeit am Südbahnhof, dann ein Bankomat der dir nur mehr achtzig geben will aber nur noch Hunderter hat, dann nimmt man schon mal ein Bier. Und nun, nach gezählten fünfzehn Poststationen, einem Sandwich, der so was von labbrig ist, dass er getrost auf jegliche Beigabe von Butter verzichten kann, fast schon Weizenpuffreis, aber immerhin mit Schweinehintern und dem schweizerischen Endproduckt vergorener Milch versehen.

Ich hab mir dann noch ein Stifterl bestellt, mich mit der frischen Serviette geschnäuzt, sie in den ÖBB-Abteils-Mistkübel geschmissen, mich darüber gewundert, dass auf diesem am linken Rand "rechts" und am rechten Rand irgendein französisches Wort steht, bis ich bemerkt hab, dass das, was da links steht, ein mir unbekanntes Wort für Müll ist, gedachte Peter Rossegger, seinem fälschlich auserkorenen Brot, und bemitleidete Adalbert Stifters Enzianschnaps, der bei ihm, Adalbert, offenbar absolut wirkungslos blieb.

Am sechzehnten „Hotel Post", an dem wir vorbeikamen, wurde sogar dem Kutscher bewusst, dass alle fünfzehn zuvor linke Arschlöcher gewesen sein mussten. Einen Gaul hatte er sogar auf 1700 Metern Seehöhe eigenhändig begraben müssen. Ja, der war einfach tot. Und sein Mitkutschierer half ihm nicht. Der war einfach zu ausgefickt ... nach fünfzehn Stationen.

Ja man darf sich das nicht so wie heutzutage vorstellen, wo braun gebrannte Werbeträger mit 130 km/h den Semmering herunterpreschen und eine überdimensionale aufgeblasene Milka-Kuh vergeblich darauf wartet, Sex zu haben. Ich kenne einen Stier, der wäre fast verzweifelt an dieser schier unlösbaren Aufgabe...

Nein, so locker darf man sich das nicht vorstellen, damals gab es Räuber. Ja, Straßenräuber, oder auch Waldräuber genannt. Diese sind aber inzwischen ausgestorben, weil es keine Räuberinnen gab. Ja, Straßenräuber zählen zu einer bedrohten Art. Es gibt, so habe ich in "Night watch" gesehen, sogar Umweltaktivisten, die sich, angeblich, unter Lebensgefahr von hohen Klippen, aber schon soooo hohen Klippen abseilen, damit sie die wenigen Straßenräuberweibchen dort in genetischer Feinstarbeit, mit Pinseln oder sonst was bestäuben, damit diese Art schlicht und einfach überlebt. Und rein genetisch ist es nachgewiesen, rein genetisch haben die alle was mit Robin Hood zu tun.

Das ist unserem Chauffeur, dem Kutscher, aber alles von so was wie wurscht, denn er plagt sich ja bekanntlich mit dem: rechts gehts nach unten, und links bergauf.

Oh, das war jetzt umgekehrt wie vorher: rechts nach unten, links bergauf ...

vorher war es: links nach unten und rechts bergauf ... das heißt, wir fahren bereits talabwärts. Der Pass liegt hinter uns. Scheiße, schon wieder ein Gaul. Naja, jetzt müssen wir halt die Bremsklötze ziehen bis sie rauchen.

Mein Zug blieb stehen in Graz. Der Bahnhof wird umgebaut und ich hab wie üblich eine Stunde Wartezeit. Das miese "Rosenkavalier" ist weggerissen, stattdessen steht mir ein Blech-Container bereit - welcome to Graz - ich nehm ein Bier.

Zwei Stunden noch, und 30 Kilometer, dann bin ich daheim.

Sei mir nicht böse, du lieber Peter Rossegger, du Lieber, du lieber Adalbert Stifter.

Aber wenn mir bei euren Geschichten nicht das Kotzen kommt, dann schlaf ich ein.

Peter, deine Mutter hat dich fortgeschickt um Glut - warum bist du bis heute nicht zurück?

WILD, WIDE, WEST

"Also jetzt mal ganz im ernst, mein lieber Herr, was soll ich denn mit dem ganzen Gold, das sie mir da Monat für Monat bringen? Was stellen sie sich denn vor, an wen ich das alles verkaufen soll? Oder haben sie eine Idee, was die Menschheit mit so viel von diesem Klumpert anfangen soll?

Mein lieber Herr, sie rackern sich den Arsch ab, durchwühlen ganze Berge nach diesem Schrott, oft unter Einsatz ihres Lebens ... mein lieber Herr, ich sag es ihnen im Guten: bringen sie mir Tupperware, Alugrilltassen oder von mir aus Hühnerkeulen, aber hören sie um Gottes willen endlich auf, mir diesen verdammten Goldschrott hier anzukarren. Was soll ich damit? Das braucht kein Mensch!"

Er war ein älterer Herr mit grauem Kutscherschnurbart. Er saß hinter einem Fensterchen aus Glas, das deutlich in den Kundenraum gerichtet war.

Ich hab damals gleich gemerkt: es ist vorbei mit der Goldgräberei. Das muss man sich mal vorstellen: vierzig Jahre ohne Erfolg, jetzt hab ich endlich eine ergiebige Ader gefunden, was red ich, ergiebig-großartig, überwuchernd, skandalös fast schon, und jetzt will keiner mehr dieses Zeug.

"Tupperware", sagt er! Wo um alles in der Welt soll ich Tupperware herkriegen ...

Ich ging dann zugegeben etwas ratlos und trotzig in den Saloon, kippte eine Flasche Whiskey und dachte kurz aber wehmütig an die alte Repassierstube, drüben in Salt Lake City. Die gibt's ja auch nicht mehr ... Scheiß Nylonstrümpfe ...

Nach einer weiteren Flasche Whiskey dachte ich mir: Maisanbau!

Das wär doch was. Das hab ich mir dann aber schnell wieder aus dem Kopf geschlagen.

Das muss man sich mal vorstellen: ich stehe hier mit einer Scheibtruhe voll bestem Gold, und der Wirt fragt, ob ich auch genügend Dollar habe, um so viel Whiskey zu bezahlen.

Aber so ist das, dachte ich, auf nichts kann man sich mehr verlassen, auf nichts! Außer auf Lilly! Lilly stand da zwei Meter über mir, auf diesem Balkon, dieser Galerie, lässig ans Geländer gelehnt, das immer so morsch ist. Lilly war die Einzige, die mir treu geblieben ist. Nicht so wie der abscheuliche fette Wirt, der mich nur nach Dollars fragt. Ja Lilly!

In ihrer vertraut lässigen Art hat sie mich dann geküsst, einen Schluck aus der Whiskyflasche genommen, kraulte mir meinen betrunkenen, aber keineswegs besoffenen Nacken, und so brachen wir auf nach Utah, mit einem kleinen Umweg über Alaska, aber dort gab es nur Goldminen, und von Utah weiter nach Nebraska und Greenwich Village aber nirgends gab es Tupperware. Und Alugrilltassen nur zu völlig überteuerten Preisen. Ich war zugegebenermaßen etwas enttäuscht, von Greenwich Village hätte ich mir das nicht gedacht! Also weiter nach Strawberry Fields, Nashville und Memphis. Wir hatten damals ein kleines Banjo, keine Dollars, aber eben ein kleines Banjo. In Nashville war es auch, dass wir Lee Hazelwood und seine entzückende Frau Nancy Sinatra kennengelernt haben, ein wirklich reizendes Pärchen. Nächtelang haben wir uns unterhalten, alte Geschichten erzählt, von Strawberry Fields und Utah, auf dem kleinen Banjo gespielt, gelacht, Erdbeerwein getrunken, über den Maispreis diskutiert, und niemals, ja, niemals zuvor waren Lilly und ich soooo glücklich, wir saßen auf dieser scheußlich weiß lackierten Holzterrasse von Lees und Nancys Haus und waren glücklich, ja, wahrhaft glücklich.

Im Morgengrauen aßen wir zu viert „Ham and eggs“ in dieser scheußlich weiß lackierten Holzküche, schrumpelten noch kurz das Banjo, waren glücklich und tranken Weißwein, noch nie zuvor war ein grüner Veltliner ein derartiges Exotikum.

Fast, aber nur fast, wäre ich dazu geneigt, diese drei Wochen bei Lee und Nancy, als die drei glücklichsten Wochen meines bisherigen Lebens zu bezeichnen. Noch heute, fast vierzig Jahre später träumen Lilly und ich noch von Nancys wunderbar zärtlicher Stimme, als wir zu unserem kleinen Banjo sangen.

Aber wir mussten dann weiter nach Alabama, den Dom von Alabama muss man einfach gesehen haben, Texas war uns dann doch zu unbefruchtet befleckt, und in Birmingham versuchten wir es mit der Adlerzucht. Die kleinen Adler wollte aber auch keiner und seither fehlt mir der Mittelfinger meiner linken Hand.

Ja, so war das damals, heute weiß ich: der angegraute Schnurbärtige hinter dem Glasfenster hat mich gelinkt, Gold steht nach wie vor äußerst hoch im Kurs, - von Heroin und Kokain mal abgesehen - und dieser fette Wirt in diesem Saloon hat mich schlicht und einfach abgelinkt, hab ich doch meine Flaschen Whiskey mit Dollars bezahlt und eine Scheibtruhe Gold Nuggets dort stehen gelassen in dem Glauben, das Zeug sei nichts mehr wert.

Die Peinlichkeit über ihr Gegröle, während ich mit Lilly in dieser Nacht abreiste, nehm ich wohl mit ins Grab.

Aber wenn dieser versiffte Wirt nicht gewesen wäre, hätte Lilly niemals diesen Orgasmus, und ich nicht die Wirkung meiner Achseln erlebt ...

Und über Erdbeerwein kann man streiten.

Lilly und ich waren dann noch in Paris, in einem süßen Appartement an dieser großen Straße, Schöö... oder Schää... oder so ähnlich, und dann in Rom, an diesem Platz, wo sie den ganzen Tag im Kreis fahren.

So war das, und es war wunderschön. Heute seh ich mich mit einem Berg dreckiger Teller und Pfannen konfrontiert, und Lilly muss noch zwei Wochen in einem Saloon am Rathausplatz in Wien arbeiten, bevor wir uns wiedersehen.

Das Leben ist skurril, und über Erdbeerwein kann man streiten.

MÄNNER SIND ALLE GLEICH

Ich koche lieber als ich esse.

Das führt fast zwangsläufig dazu, dass mir der Erdäpfelsalat in seiner Marinade verdirbt, während mir die Bank das Geld vom Konto frisst.

Jetzt bin ich kein Freund der großen Gesten, aber gelegentlich ein süßes Mädchen zum Essen einladen, das muss schon sein. Ich mein, ich kann nicht einfach die Hose runterlassen und mit dem Arsch wackeln, das führt meistens nicht zu den ersehnten Reaktionen. Umgekehrt ist das anders, wie man an Tageszeitungen, einschlägigen Illustrierten und diversen Filmproduktionen erkennen kann.

Ich glaube ja auch, dass niemand auf dieser Welt dermaßen viel Geld in die Entwicklung und Technologie von DVDs gesteckt hätte, wenn's keine Pornos gäbe. Was tut man nicht alles, um eines nackten Mädchenhinterns ansichtig zu werden ...

Ja, ja, die Pornos. Dieser Kalorienverbrauch in nur neunzig Minuten, also... der Kalorienverbrauch der Darsteller. Wie war das eigentlich mit der Hacklerregelung?

Die Rückkehr des Proletariats auf heimischen Bildschirmen sozusagen ...

Was auch sehr gut im Geschäft liegt, ist der Sozialporno.

Aus purer Langeweile musste ich mir heute die Barbara Karlich Show ansehen - ja, das ist diese ORF Sendung zu nachmittäglichen Bügelzeiten, in der immer ausgesucht frigide Originale vergeblich versuchen, eben genau diesem Vorurteil entgegenzuwirken.

Eine Pflichtsendung gegen Bulimie (die Welt **ist** fettleibig), gegen Depressionen (denen gehts noch schlechter wie mir), und gegen das sinnlose IQ-heischen (unter so vü Trottln brauch i mi wirklich net schenian). Durchwegs förderliches Gedankengut, das hier also transportiert wird, und die geringer werdende Wahlbeteiligung liegt ja nicht daran, dass ja sowieso niemand da ist, den man wählen könnte, sondern daran, dass wir unsere Ministerposten seit Jahren schon im Guten besetzt wissen: Barbara Karlich als Sozialministerin, auch eine Koryphäe der Supervision, Vera Rußwurm hat sich längst als kompetente Gesundheitsministerin bewiesen, Barbara Stöckl ist unsre Volksanwältin, und Sepp Forcher ist der Vorsitzende der Weltkulturerbekommission.

Hier ist jetzt natürlich äußerst auffällig, dass es, zumindest parlamentarisch, keinen Sexualminister/in gibt. Das ist wunderlich! Ist doch längst bewiesen, dass häufiges koitieren das Herzinfarktrisiko immens senkt, ganz zu schweigen von Cholesterinproblemen. Stichwort Hirnschlag- und nicht zuletzt ist ja vögeln auch das einzige Mittel gegen Rückgraderweichung. Wer's noch kennt ...

Im Ministerrat also völlig nicht besetzt, aber wir haben ja seit den Fünfzigerjahren, Doktor Jochen Sommer im BRAVO. Und für alle, die nicht derart weltoffen sind, dass sie sich ein illustriertes Heftchen aus Deutschland verstohlen in ihrer Trafik kaufen trauten, gibt's ja noch die, mindestens doppelt so alte, Gerti Senger, die jetzt auch endlich mit diesem Vorurteil, dass Botox in der Oberlippe was Schlechtes sei, aufräumt, und hilft uns dabei, mit leicht erreichbaren Medien, unser Sexualleben harmonisch und human zu neutralisieren.

Wir brauchen keine hoch bezahlten Minister. Die vor den Wahlen immer lügen! Gerti Senger sagt immer das Gleiche! Vor oder nach den Wahlen! Die ist echt!

Und falls es stimmt, was manche böse Zungen beteuern, dass eine Karriere als Frau nur über die sogenannte "Besetzungscouch" stattfinden kann, dann will ich gar nicht wissen, was der Dichand mit der Senger dort so alles getrieben hat.

Nun gut. Es ist einfach das: es ist tiefster Winter, mit hochgradigen Plusgraden, ich finde nicht recht in den Winterschlaf, ein Playboy hilft da auch nur kurzweilig, und heute ist die erste Frostnacht. Meine Holzvorräte sind so gut wie verbraucht, ich bemühe mich in buddhistischer Gelassenheit und mein Neffe will mit mir spazieren gehen. Ich hab keine Lust! Ja, es hat geschneit, ist ja auch wunderschön! Fünf Zentimeter weißer Matsch! Nein, nein, ich liebe es! Und laut Biowetter kann ich jetzt endlich durchschlafen.

Mir ist fad! Und ich sitz in der Küche! Im Sommer sitz ich im Sommer- Wohnzimmer, tu genauso wenig, und mir ist nicht fad. Und das Sommer- Wohnzimmer ist in der Scheune und hat mindestens um fünfzig Quadratmeter mehr. Sperma enthält Vitamin C, ich hab zwanzig Zitronen in meiner Fruchtschüssel. Da stimmt doch was nicht.

Zum Schnee schaufeln ist der Schnee zu wenig, zum sich im Liegestuhl zu sonnen, sind die Grade zu wenig, und wenn ich dem Kinderfernsehen glauben schenke, bin ich eine kleine Schildkröte, die mitten im Winter aufwacht, weil's so warm ist, und sich überhaupt nicht auskennt, ein Salatblatt vor sich sieht, und nicht weiß, was sie jetzt damit, mitten im Jänner, anfangen soll.

Und weil ich nicht aus dem Haus geh, fühl ich mich auch noch einsam! Hey, normal schlaf ich zu dieser Jahreszeit!

Nur die Karlich ist noch wach ...

Da kann sich schon eine leichte Depression einschleichen.

Ja, es ist halt komisch, normal schlaf ich zu dieser Jahreszeit.

Heute muss ich Holz in den Ofen nachlegen.

Und die Libido verlangt auch ihren Tribut.

Ich mein, darauf bin ich nicht eingestellt, Mitte Jänner!

Und 38 bin ich auch vor Kurzem geworden, und, Scheiße, auf die Barbara Karlich Show muss ich noch Dutzende Stunden warten, dabei hat die immer so eine knuffige Psychologin dort sitzen, und wenn man der dann, wenn's was sagt, dann zuhört, dann fühl ich mich so schön geborgen, und dann fühl ich mich gleich nicht mehr derart einsam, weil ich merk: der geht's auch nicht besser, und die ist ja immerhin Psychologin.

Ja, soviel also zu den Gedanken von einem "kleinen süßen Igel", der aufgrund der dramatischen Erderwärmung zu früh aus dem Winterschlaf erwacht.

Ich hab so guster auf einen Donut ... verdammt, ich bin im Südburgenland ...

Aber wenigstens haben wir die Ministerfrage geklärt.

Soviel also zum Thema: „Die Männer sind alle gleich.“

LAMBRUSCO - ALONE AT HOME

Zugegeben, ich weiß jetzt gar nicht, wo ich anfangen soll ...

Erstens ist da die schnöde Anziehungskraft, die erst das Stolpern über das soeben verlegte Schreibmaschinenkabel erlaubte und weiters der Lambrusco, dem man nachsagt, ein begehrtes Hobby von Erdbeerweintrinkern zu sein.

Und sehen sie, ja, das ist ja auch das Schöne an diesem Spiel, welches da heißt: LEBEN!

Und ich weiß wirklich nicht, womit ich morgen aufwachen werde, mit Knieschmerzen oder Kopfweh ...

Nun, der Lambrusco, ein Roter, - es gibt ja angeblich auch einen in Weiß, aber an den kann sich keiner mehr erinnern am nächsten Tag -, diesen roten Lambrusco eben hab ich von einer Art verschwägerten Tante, darum mein Misstrauen. Und die Schreibmaschine ist eben nun mal mein Arbeitsgerät, obwohl sie mir ständig Buchstaben zu verstecken sucht, aber Arbeitsgerät eben, so wie der Bauchtrimmer von Arnold Schwarzenegger eben. Und man muss nicht glauben, dass man die Dinger eines Gouverneurs selber nirgends kriegt, nein, die gibt's in jeder TV-

Werbesendung per Nachnahme, und fast umsonst ... auch unser Gouverneur ist schließlich unter der Armutsgrenze in der Obersteiermark mit bloßem Apfelstrudel aufgepäppelt worden.

Und war immer gefeit vor Lambrusco. Ob Weiß, oder Rot. Ich hingegen verbrachte meine Kindheit in einem armen Wiener Vorkriegsbezirk, musste Mischgemüse essen (gekochter Kohl mit Erbsenmatsch, und, ebenfalls zerkochten Endivien).

Musste eben dieses Mischgemüse essen, wie es meine Mutter, mit Vorliebe und Vitaminverheißungsvoll, genannt hatte. Sie ist weit über sechzig, ich sehe aus wie sie, nämlich wie zwanzig, also es hat genutzt! ... das Mischgemüse.

Aber mit schnöden acht Jahren, oder von mir aus auch mit elf, erkennt man eben noch nicht die aufdringliche Wirklichkeit der Auswirkung. Und ich kann es heute noch nicht wirklich beschwören, ob ich morgen meine fast verschwägerte Tante ob dieses Lambrusco loben werde.

Nun aber Schluss mit diesen wortschönen Schelmereien über die Verwandtschaft, fast ist eine Seite vollgeschrieben, und ich könnte zufrieden schlafen gehen. Doch nicht bei mir! Ein Shakespeare war eingestellt auf seinen Schüttelreim, aufhören und enden, wann er wollte, am nächsten Tag, nach einem kräftigen Earl Grey ging's weiter mit dem Drama. Shakespeare ... wie heißt der eigentlich mit Vornamen ... Bier?

Na wie auch immer, Florian Lambrusco wäre etwas zu billig - anbiedernd, da bleib ich lieber bei Knisatschek, das durchschaut nicht gleich jeder.

Widerspenstige hab ich zugegeben noch keine gezähmt ... die haben mich alle nach spätestens zwei Jahren verlassen. Und einen Sommernachtstraum hatte ich auch: ich hatte zum ersten Mal Kokain probiert (das ist übrigens schon mehr als zwanzig Jahre her, also nur wegen den etwaigen Beamten im Publikum und unter den Lesern) na jedenfalls sind wir eine spitzen Bobbahn in Jeans runtergerutscht, es war August, ich hab sie gleich erkannt, hab sie ziemlich ehrlich angesprochen, sie hat mir eine Fotzn gegeben, und wir sind dann ohne sie Pommes essen gegangen, in eine nahegelegene Art Raststation, mit dem deutlichen Gefühl, mit dieser Welt nicht kompatibel zu sein. Und seht ihr!? So was will ich meinen Kindern ersparen! Drum sag ich von klein auf: Kein Mischgemüse!

Na gut, das ist aber auch schon wieder Jahrzehnte her, Lambrusco verleiht offenbar Flügel, aber er fördert das Sinnieren, wo man so vom Hundertsten ins Tausendste kommt, wer kann das sonst? Café Haag sicher nicht!

Der Lambrusco ist leer, und wenn ich mir die erste Seite dieser Geschichte jetzt noch mal durchlesen würde, könnte ich vielleicht noch zu einem schlüssigen Abschluss kommen. Das geht aber nicht …

Und weil wir so eine resche Heimsehersendung sind, zum Abschluss hier noch unsere Heimseherfrage. Haben sie auch gut zugehört?

Also: wer trinkt, wenn nicht, um nicht was zu erlangen???

a) Grüner Veltliner

b) Lambrusco

c) Brünnerstrassler

Schicken sie ihre Antwort bitte an: ORF, Kennwort HEIMHILFE 1236 Wien.

Als ersten Preis haben wie einen integrierten Familienpflegeplatz in der Ägäis, der zweite Preis ist eine Woche Aufenthalt im Lungenforschungszentrum Flötzersteig, und als dritter Preis winkt immerhin ein BAUMAX - Gutschein, im Wert von 30 Euro. Also ran an die Telefone, und da die österreichischen Lotterien derart lustig sind, bekommt jeder fünfzigste Anrufer einen na?... na?... STÜTZSTRUMPF geschenkt!

Also ich glaube, es zahlt sich wirklich aus, hier mitzuspielen. Kommen sie, raffen sie sich auf, alles noch besser als Wundliegen!

Ich weiß nicht, der ORF hat mir absolut die Show gestohlen …

Ah, ich hätte es bald vergessen, die Tagesaktualität:

Dieser Boris von der ersten Starmania-Generation ist mir wirklich zu billig. Als Schriftsteller hat man doch schließlich einen Bildungsauftrag.

Und mit nur einer Flasche Lambrusco werd ich wohl nie erfahren, ob der Bildungsauftrag jetzt scheiße ist, oder nicht.

Florian Knisatschek,

Schriftsteller, Drehbuchautor und Schauspieler, lebt auf einem alten Bauernhof in der Einsamkeit des südlichen Burgenlandes. Seine Texte sind witzig und ausgesprochen unterhaltsam und wurden in den von ihm geschriebenen Filmen „Out of Wulkaprodersdorf", "Waffenrad" und Starring" verfilmt. Mit seinen Kurzgeschichten tourte er ab 2000 bis 2010 durch Österreich und erfreute die Hörer von Radio Orange, doch in Buchform erschienen sie leider nie.

Spannende Thriller aus dem Karina-Verlag

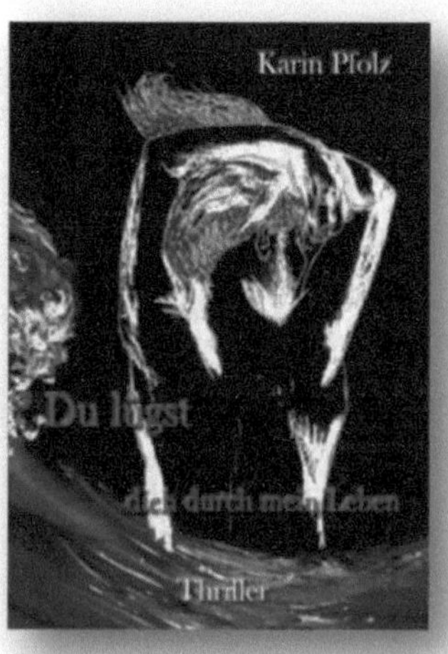

Respekt
für Dich

GESCHICHTEN
AUS ALLER WELT
Jedes Wort
ein Atemzug
karina-verlag

WINTER- UND
WEIHNACHTS-
GESCHICHTEN
Jedes Wort
ein Atemzug

KRIMINELLE
GESCHICHTEN
Jedes Wort
ein Atemzug

Respekt für dich: Autorinnen und Autoren gegen Gewalt
GESCHICHTEN
AUS ALLER WELT 2
Jedes Wort
ein Atemzug
karina-verlag

Respekt für Dich · AutorInnen gegen Gewalt
Jedes Wort ein Atemzug
Sonnen- und Reisegeschichten

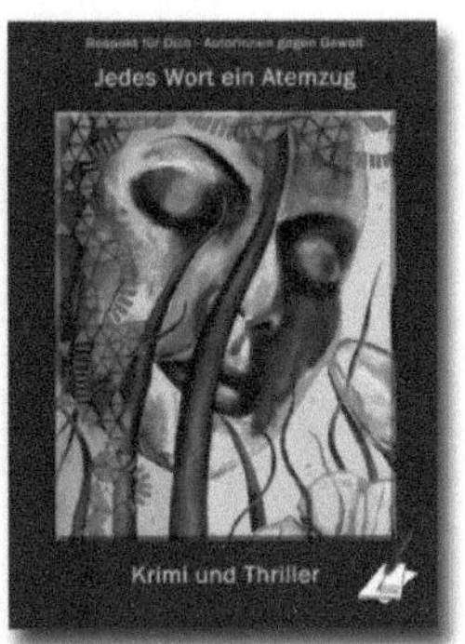
Jedes Wort ein Atemzug
Krimi und Thriller

Leseprobe aus:

Die wahren Helden kennst du nicht

Die heimlichen Helden sind die wahren Helden unsere Zeit. Sie sind die unbekannten Oscarpreisträger der Menschlichkeit und die Humanisten der Verborgenheit. Es geht ihnen nicht um das Bekanntwerden ihrer Taten oder um Lobhudeleien der Gesellschaft. Ihr Wirken ist selbstlos, einzigartig und ungeplant und doch schreiben sie damit Geschichte. Geschichte der Menschlichkeit.

Die großen Helden der Geschichte kennen wir ohnehin alle. Ganz anders ist es bei den unbekannten Helden. Bei diesen wird eine scheinbare innerliche Schwäche zur Stärke, doch sie verschwinden mit all ihren Werken und Taten im reißenden Strom der Bedeutungslosigkeit einer schnelllebigen Zeit.

Die Helden des Krieges sind tot und manche Feiglinge überlebten. Von den Henkern, die noch immer herumlaufen ganz zu schweigen. Die Opportunisten leben im Dunstkreis ihrer dubiosen Vergangenheit. Die wahren Helden kannte man nie, nur die Befehlsgeber behängte man mit Lorbeerkränzen, als sichtbares Zeichen ihres Mutes. Dabei waren es immer diese, die sich in sicheren Bunkern versteckten und dort ausheckten, wie sie ihre unbedeutenden Helden in den Tod schicken können.

Die meisten Menschen schwammen mit auf dieser Welle. Ließen sich blenden mit Versprechen, die nie gehalten wurden. Wollten nicht erkennen, dass sie alleine es hätten verändern können. Die Neutralität Österreichs ist daher mehr ein Geschenk an Täter, die sich immer als Opfer gefühlt haben.

Die Helden der Revolutionen - in Wahrheit allesamt Verbrecher an der Menschlichkeit. Die Ziele sind ihnen rasch abhandengekommen, die Gier war stärker und hat sie gefangen im Hunger nach Macht.

Die wahren Helden bewegen sich ganz leise, klein und unscheinbar. Sie besitzen keine Medaillen. Sie bekommen keine Unterstützung, gehören keiner Lobby oder Partei an. Der Weg ist schwer für sie, kaum zu bewältigen. Sie müssen mehr Hürden überwinden, mehr ankämpfen gegen die dümmliche Masse. Darum wirken sie im Dunkeln und bringen nur langsam Licht. Doch wenn es strahlt, dann erhellt es die finsteren Gräben wie die Sonne.

Bis auf ganz wenige, stehen die kleinen Helden im bedrohenden Sturm ihres Lebens - ohne Hilfe und Dank.

Niemand kennt die vielen kleinen Helden unserer Kriege.

Niemand kennt die vielen selbstlosen Altenhelfer, die ausgemergelte Körper heben, waschen und füttern.

Niemand kennt die Ärzte, die für einen Hungerlohn in Entwicklungsländern dieser Welt Unmenschliches leisten, konfrontiert mit Hoffnungslosigkeit und Tod.

Niemand kennt die Krankenschwestern, die des Nachts sterbende Hände halten, Trost spenden und gütig mit den Augen Mut machen.

Niemand kennt die vielen Freiwilligen, die sich bereitstellen in den Dienst für den Nächsten, die Rettungsfahrer und die Notärzte.

Niemand kennt die Männer, die aufsteigen in die Berge, um Vermisste zu suchen und zu bergen.

Niemand dankt den Menschen, die sich mit Aidskranken befassen, sie pflegen und ihnen seelische Hilfe schenken.

Niemand kennt die Bewährungshelfer, die ständig zwischen Aggression und Resignation ihr Leben fristen.

Niemand dankt den Umweltschützern, die sich einem hoffnungslosen Kampf stellen.

Niemand beachtet die Menschen, die sich für das Leben geschundener Tiere einsetzen.

Viele von uns wollen sie nicht kennen, die wahren Helden. Die Menschen müssten dann auf unangenehme Weise in einen Spiegel blicken, der ihnen zeigt, dass sie selbst nur an ihr eigenes Wohl denken. Menschlichkeit erfreut die Seele, macht aber ein schlechtes Gewissen und das kann man heute nicht mehr brauchen.

Man ist nicht mehr gewillt, die Last der Menschlichkeit zu tragen, Verantwortung zu übernehmen oder unbezahlte Hilfe zu leisten, deren einziger Lohn ein Lächeln, oder das Leben eines Fremden ist.

Wir kennen nur die Helden der Medienlandschaft, die in Talkshows auftreten, Interviews geben und Garanten für Quoten sind. Jämmerlich, peinlich und dumm, wie eben die Masse, die ihnen zujubelt.

Wir alle kennen die „Dumpfbackengesichter" mit ihrer peinlichen Selbstdarstellung, die Massenmörder in ihren schmucken Uniformen, die Idole der Jugend in ihren ausgemergelten Rauschgiftkörpern und die Wirtschaftskapitäne, die in ihren Nadelstreifanzügen betrügen, bestehlen, kündigen und Menschenleben vernichten, des Umsatzes willen. Allesamt präpotente und selbstgefällige Arschlöcher, dekadent bis ins Knochenmark.

Das sind keine Menschen, die die Bezeichnung Helden verdienen, das sind künstlich, in unsere Gedanken gepresste Größenwahnsinnige, denen die Masse hechelnd hinterherrobbt, um ein wenig an deren zweifelhaftem Ruhm mitnaschen zu können.

Die Menschen betteln darum sich täuschen zu lassen, lassen sich hineinführen in ein unwirkliches Vakuum - das die Phantasie ausschaltet und den Enthusiasmus entfacht. Nicht selten vermischt mit ordentlichen kommerziellen Interessen.

Die Helden von heute sind feig. Kaum einer wagt es körperlicher Gewalt entgegenzutreten. Die physische Angst ist zu groß, das zu verlieren, das sie durch Gewalt erreicht haben. Ganz wenige leben ihre Überzeugung, die meisten passen sich an, arrangieren und verkaufen sich, geben sich preis.

Der Moment der Prostitution ist kurz, der Schmerz darüber ein Leben lang.

Man kann vergessen, aber nie bewältigen, man kann verdrängen, doch nie auslöschen.

Wir haben alle vergessen, wie viel Mut in uns steckt, wie viel Kraft wir haben, wenn wir aus dem Dornröschenschlaf der Untätigkeit und des Egoismus erwachen.

Aber natürlich ist es einfacher entsetzt zu sein, wenn grausame Taten ans Licht kommen. Es gehört mittlerweile schon zum Alltag, wenn Menschen gaffend und mit starrem Blick zusehen, wenn mitten auf einer Straße ein Mensch überfallen wird, dass niemand es wagt, das weinende und verletzte Kind anzusprechen, ob es Hilfe braucht.

Angst, Gier und Egoismus siegt heute über Moral und Menschlichkeit und nur ganz wenige erkennen sich.

Doch in den wenigen stillen Minuten, die jedem Menschen geschenkt sind, wird er erkennen, als

Mensch - oder Schwein zu sterben. Der Feige stirbt tausend Tode - der Mutige nur einen.

Die Entscheidung liegt alleine im eigenen Herz.

„Das Diktat des Durchschnitts"
von Rudi Treiber

ISBN 978-3-9503862-8-8

(E-Book ISBN: 978-3-9503862-9-5)

Karina Verlag
Vienna, Austria
Otto-Willmann-Gasse 4/69
A-1100 Vienna
www.karinaverlag.at
karina.bookoffice@gmail.com

FSC
www.fsc.org
MIX
Papier aus verantwortungsvollen Quellen
Paper from responsible sources
FSC® C105338